Amelie Fried und Peter Probst

Verliebt, verlobt –
verrückt?

Warum alles gegen die Ehe spricht und noch mehr dafür

HEYNE ‹

Verlagsgruppe Random House FSC-DEU-0100
Das für dieses Buch verwendete FSC®-zertifizierte Papier
CORE Uncoated liefert Deutsche Papier

3. Auflage
Copyright © 2012 by Wilhelm Heyne Verlag, München,
in der Verlagsgruppe Random House GmbH
Redaktion: Ingrid Grimm
Umschlaggestaltung: Eisele Grafik-Design, München,
unter Verwendung eines Fotos von
H. Armstrong Roberts/Classic Stock/Corbis
Layout des Innenteils: Eisele Grafik-Design, München
Satz: Buch-Werkstatt GmbH, Bad Aibling
Druck und Bindung: Pustet, Regensburg
Printed in Germany 2012

ISBN 978-3-453-19524-0

www.heyne.de

**Über die Liebe lächelt man so lange,
bis sie einen selber erwischt.**
Eleonora Duse

INHALT

8 **Verheiratet zu sein ist anstrengend genug – müssen wir wirklich ein Buch darüber schreiben?**

12 **Wie habt ihr euch eigentlich kennengelernt?**
(Version des Ehemannes)

16 **Wie habt ihr euch eigentlich kennengelernt?**
(Version der Ehefrau)

22 **»Der Homo sapiens ist nun mal kein monogamer Typ!«**
Interview mit Stefan Woinoff

30 **Die Verlobung von Ischia**

34 **Warum überhaupt heiraten?**

42 **Topfenknödel**

48 **Der TEST- Sind Sie für die Ehe geeignet?**

52 **Einfarbiges Zebra gesucht**

60 **»Ich wäre gern verheiratet!«**
Interview mit Hatice Akyün

68 **Eltern werden ist nicht schwer, Familie sein dagegen sehr**

78 **Szenen einer Ehe 1**

80 **Pupsidylle oder Sonntagsbeziehung?**

88 **Die Gedanken sind frei**

96 **»Mir fehlt das Eifersuchts-Gen.«**
Interview mit Juliette B.

106 **Die Haltbarkeit der Ehe – und wie man sie verlängern kann**

120 **Bernds Krise**

126 **Gatten im Schatten**

132 **»Sie hat mir den Himmel bereitet.«**
Interview mit Harry und Randi Valérien

140	**Mein Vater – ein Vorbild?**
144	**Szenen einer Ehe 2**
146	**Sex wird überschätzt**
152	**Sex wird unterschätzt**
156	**»Ich bin nur mir selbst treu.«** *Interview mit Werner Baumann*
164	**Warum Männer und Frauen nicht zusammenpassen (und trotzdem glücklich miteinander sein können)**
172	**Szenen einer Ehe 3**
174	**Geld spielt keine Rolle? Von wegen!**
182	**»Ich finde heiraten immer noch unvernünftig.«** *Interview mit Christine Kaffka und Julius Levy*
190	**Warum es toll ist, mit einer emanzipierten Frau verheiratet zu sein – aber nicht immer**
196	**Warum es toll ist, mit einem emanzipierten Mann verheiratet zu sein – aber nicht immer**
202	**Jeder hat das Recht, in sein (Un)-Glück zu rennen**
206	**»Man muss um jeden kleinen Schritt kämpfen.«** *Interview mit Dr. Helen Bär und Dr. Lea Brod-Bär*
212	**Willst du mit mir alt werden?**
218	**»Holger ist tot.«** *Protokoll eines Gesprächs mit Sabine Barckhan-Weiss*
228	**Geheimnisse**
234	**Frauen müssen immer das letzte Wort haben ...**
237	**Danksagung**
238	**Literatur**
240	**Bildnachweis**

»Alle Romane, alle Komödien hören mit der Heirat auf,
weil das ewige Einerlei des Ehestandes keine Dinge abwirft,
die einer Beschreibung wert wären.«

Theodor Gottlieb von Hippel, Über die Ehe, 1774–1793

Verheiratet zu sein ist anstrengend genug – müssen wir wirklich ein Buch darüber schreiben?

Als wir uns kennen lernten, waren wir uns einig: Wir hielten die Ehe für ein bourgeoises Instrument der Unterdrückung, einen unzulässigen Eingriff des Staates in die Privatsphäre, eine restlos überholte Konvention, der wir uns niemals beugen würden. Fünfzehn Monate später waren wir verheiratet. (Über die Gründe, die uns dazu bewogen haben, wird noch zu lesen sein.)

Mittlerweile sind wir schon ein »älteres« Ehepaar und fragen uns gelegentlich, was bei uns anders lief als bei jenen Paaren, die ungefähr gleichzeitig mit uns ins Ehe-Rennen eingestiegen, inzwischen aber ausgeschieden sind, oder auf den letzten Streckenmetern dahin taumeln, meist in Begleitung eines Therapeuten oder einer außerehelichen Affäre (oder beidem). Haben wir irgendwas richtig gemacht, und wenn ja, was? Oder hatten wir einfach nur Glück?

Was immer die Gründe dafür sind, dass wir es bisher geschafft haben, die vergleichsweise lange Dauer unserer Beziehung macht uns in unserem Freundeskreis allmählich zu etwas Besonderem. Manchmal werden wir angestaunt wie seltene Versteinerungen und gefragt, was das Geheimnis unserer Ehe sei. Ratlos blicken wir uns dann an und wissen es auch nicht so genau. Klar, es gibt ein paar Sachen, die sich als nützlich erwiesen haben. Miteinander reden, zum Beispiel. Über sich selbst lachen können. Nachsichtig mit den Schwächen des Anderen umgehen (man selbst hat ja zum Glück keine).

Wenn uns Freunde sagen, wir würden ihnen »den Glauben an die Ehe wiedergeben«, freut uns das einerseits, andererseits spüren wir auch die Last der Verantwortung. Der Erfolg produziert die Erwartung des Erfolges. Und wenn ein Paar einmal als »glücklich« gilt, fallen seine Mitmenschen aus allen Wolken, wenn das Bild sich als trügerisch erweist, oder die Verhältnisse sich ändern. Eigentlich, so denken wir manchmal, können wir es uns gar nicht mehr leisten, zu scheitern. Wir sind dazu verdammt, ein glückliches Paar zu bleiben und allen zu beweisen, dass man es schaffen kann.

Die Frage nach unserem »Geheimnis« hat uns auf die Idee gebracht, uns eingehender mit dem Thema Liebe und Ehe zu befassen. Wir haben uns gefragt, was überhaupt eine »gute« Ehe ist, warum Männer und Frauen darüber oft so unterschiedlicher Meinung sind, und wie man damit umgeht. Wir haben uns selbst beobachtet und unser Verhalten analysiert. Wir haben andere beobachtet, haben Fragen gestellt und Vergleiche angestellt. Und wir haben eine Menge Literatur zum Thema gelesen, darunter sehr kluge, aber auch sehr skurrile Werke, aus denen wir Kostproben liefern.

So, wie es niemals nur e i n e n Grund für das Scheitern einer Beziehung gibt, so gibt es auch nicht die eine Antwort auf die Frage nach dem Gelingen. Auch wir können kein Patentrezept liefern. Aber wir haben einiges an Erfahrungen, Erkenntnissen und Tipps zusammengetragen, das nützlich sein könnte, vieles davon ist ziemlich lustig oder überraschend.

Ein Buch zu schreiben, ist ein bisschen so als baue man ein Haus. Nicht wenige Paare zerstreiten sich während des Hausbaus so, dass sie nicht mehr zusammen ins fertige Haus einziehen. Es gibt Leute, die uns davor gewarnt haben, gemeinsam ein Buch zu schreiben, und auch wir selbst wurden zwischendurch von Zweifeln geplagt. Einen Gegenstand genau zu analysieren, bedeutet immer auch, mögliche Schwächen und Konstruktionsmängel offenzulegen. Und dabei erfährt man vielleicht Dinge, die man so genau gar nicht wissen wollte. Wir haben es dennoch gewagt, und die Konstruktion hat zwar hie und da geknirscht, aber am Ende gehalten.

Eines der Geheimnisse unserer Ehe sei an dieser Stelle verraten: Wir sind beide ziemlich ehrgeizig. Keiner von uns hätte gern die Schuld für das Scheitern des Buchprojektes auf sich genommen. Ebenso, wie keiner verantwortlich für das Scheitern unserer Ehe sein will. So kann man vielleicht sagen, dass wir wohl auch aus sportlichen Gründen so lange zusammengeblieben sind: Wir wollen gern gemeinsam ins Ziel kommen!

Amelie Fried und Peter Probst

»Jetzt weiß ich endlich, was ich dir bieten kann, Marge!
Völlige und nie endende Abhängigkeit!«
Homer Simpson

 # Wie habt ihr euch eigentlich kennengelernt?

(Version des Ehemannes)

Der Sommer 1989 war für mich ein Herbst. Meine Freundin hatte mich nach fünf Jahren verlassen. Ihren kleinen Sohn, der mich längst Papa nannte, würde ich wohl nicht wieder sehen. Ich wollte sie nicht zurück, wirklich nicht, aber das änderte nichts an meiner Trauer. Die meiste Zeit lag ich auf dem Bett und hörte Blues. Ich hatte Magenschmerzen, Kopfschmerzen und tat mir hauptberuflich leid. Als zwei ältere Freunde vorbeischauten, um mich zu einer Preisverleihung ins Alte Rathaus mitzunehmen, lehnte ich ab. Was interessierte mich schon eine Ehrung von Menschen mit Zivilcourage? »Wenn statt der *Löwenpfote* der goldene Jammerlappen verliehen würde, kämst du sicher mit«, sagten die Freunde. Dieser Appell an meine Männlichkeit erreichte mich dann doch. Ich feuchtete meine Haare an und föhnte sie in die Senkrechte. Mein Sakko war raffiniert, mit großen Karos in Orange und Azurblau, und stammte aus einer, für das damals Not leidende Polen bestimmten und von der Mutter meiner Exfreundin organisierten, Kleidersammlung. Ich fand es sehr schick, hatte es mir »geborgt« und wegen der Trennung nicht mehr zurückgeben können.

Leider verließ mich bereits auf der Freitreppe zum Rathaussaal wieder jede Energie. Warum hatte ich mich von meinen Freunden provozieren lassen? Zu Hause könnte ich jetzt »Poor me« von Charley Patton lauschen. Während Münchener Bürger für ihr unerschrockenes Eintreten für die Bürgerrechte ausgezeichnet wurden, dämmerte ich in der hintersten Stuhlreihe melancholisch vor mich hin. Dann allerdings war ich der Erste am Bierausschank – ich brauchte dringend Trost, setzte mich mit meinem Krug auf eine steinerne Brüstung und betrachtete angewidert die Festgesellschaft. Lauter schöne und glückliche Menschen. Ekelhaft.

Da stand sie plötzlich neben mir. Sie war klein. Das kam daher, dass ich sie aus dem Fernsehen kannte, wo jeder größer wirkt. »Wie fanden Sie die Veranstaltung?«, fragte sie. Ich rutschte sportlich von der Brüstung, um mit ihr auf Augenhöhe zu sein. »Peter«, sagte ich. »Peter Probst.« Sie musterte mich, sagte kühl »Amelie Fried«, und entschied gleichzeitig, ob es sich lohnte, einen zweiten Satz an mich zu richten. Ich versuchte, interessant zu wirken, Standbein, Spielbein, linke Hand in der Hosentasche. Mit der rechten führte ich den Bierkrug zu den Lippen, weil mein Mund trocken geworden war. Da merkte ich es. Mein Nacken war betonsteif und würde es nicht zulassen, dass ich den Kopf nach hinten neige. Aber nur so kann man gefahrlos trinken. Da ich mich vor ihr nicht mit Bier übergießen wollte, ließ ich den Krug auf halber Strecke sinken. »Ich hasse warmes Bier«, sagte ich und frecher: »Gehen Sie öfter zu solch langweiligen Preisverleihungen?« Sie lächelte. »Ich war in der Jury.«

Dann war sie weg, und ich wie betäubt. Ich vergaß meine Freunde und stolperte allein aus dem Alten Rathaus. Ich lief ziellos durch die Fußgängerzone. Vor der Internationalen Apotheke stellte ich fest, dass ich zum ersten Mal seit Wochen völlig schmerzfrei war. Plötzlich schämte ich mich meiner Trauer und Wehleidigkeit. Ich war jung, ich war vital und – ich war Amelie begegnet! Immer wieder flüsterte ich ihren Namen, ich kannte keinen schöneren, keinen wohlklingenderen. Ich kritzelte ihn auf Zeitungen und Buchcover und sogar an die Wand neben meinem Kopfkissen. Das allerdings benutzte ich während der nächsten drei Nächte nicht. Ich schaffte es nicht, mich hinzulegen, geschweige denn zu schlafen. Ich konnte nicht einmal ruhig sitzen. Ich musste mich ständig bewegen, um wenigstens einen Teil der unermesslichen Energie, die sich in mir aufbaute, loszuwerden. Ich begann, durch die Stadt zu wandern. Nicht sinnlos, sondern gezielt.

Ich ging systematisch Straße für Straße alle Viertel ab, in denen ich einen Menschen wie sie vermutete, vor allem Schwabing. Ich hoffte, ihr, wenn ich nur lang genug unterwegs wäre, über den Weg zu laufen. (Ich konnte nicht ahnen, dass sie nur siebenhundert Meter Luftlinie entfernt in meinem unspektakulären Viertel wohnte).

Nach einer dreitägigen Stadtwanderung, während der ich nichts, außer ab und zu einem Schluck Wasser, zu mir nahm, zwang mich die Erschöpfung, über einen Strategiewechsel nachzudenken. Hatte ich nicht im Alten Rathaus beobachtet, wie Amelie meine gute Bekannte Barbara grüßte? Ich rief Barbara an und log, Amelie einen Talkshow-kritischen Text von mir versprochen zu haben. Leider hätte ich in der Eile vergessen, nach ihrer Adresse zu fragen. Barbara gab sie mir. Ich schrieb Amelie eine Postkarte. Als Motiv wählte ich Sigmund Freud, der mit seinem Chow-Chow kurz vor dem Gang ins Exil auf einer Bank in Grinzing sitzt. Ich fand das irgendwie bedeutsam. Auch meine knappen Zeilen hielt ich bewusst geheimnisvoll. Ich bekam keine Antwort, was aber nicht an der rätselhaften Botschaft lag, sondern daran, dass ich meine Adresse nicht vermerkt hatte. Das änderte ich bei der nächsten Postkarte, auch mein Text war weniger kryptisch, aber immer noch sehr poetisch. Ich brauchte sieben Karten, bis ich schlicht »Ich würde dich gern treffen« schreiben und ihr meine Telefonnummer verraten konnte. Da meine Geschäfte als freischaffender Dichter gerade nicht so gut liefen, musste ich mir von einem Freund Geld für einen der damals noch nicht sehr verbreiteten Anrufbeantworter leihen. Ich besprach ihn auf Deutsch und Italienisch, um mir eine kosmopolitische Note zu verleihen. Dann setzte ich mich daneben und wartete …

»Wenn man begriffen hat, dass man den Rest des Lebens zusammen verbringen will, dann will man, dass der Rest des Lebens so schnell wie möglich beginnt.«

Aus: »Harry und Sally«

 # Wie habt ihr euch eigentlich kennengelernt?

(Version der Ehefrau)

Im Dezember 2010 wachte ich eines Morgens auf und stellte zu meiner Überraschung fest, dass ich seit zwanzig Jahren verheiratet bin. Ich? Zwanzig Jahre? Verheiratet? Wie war das nur möglich? Schließlich scheitert fast die Hälfte aller Ehen, und wenn es sonst um fünfzigprozentige Wahrscheinlichkeiten geht, setze ich eigentlich immer aufs falsche Pferd.

Als ich jung war, hätte ich mir im Traum nicht vorstellen können, es so lange mit einem Mann auszuhalten. Na ja, um der Wahrheit die Ehre zu geben: Vor allem konnte ich mir damals nicht vorstellen, dass ein Mann es so lange mit mir aushalten würde. Ich galt als »kompliziert«, und da ich mich schon auf Urlaubsreisen mit Freunden zu verkrachen pflegte, hielt ich mich bald selbst für einen schwierigen Fall. Eine auf Jahrzehnte angelegte Zweisamkeit schien mir ein unerreichbares Ziel zu sein, und so hatte ich mich in Gedanken auf ein Leben als Single mit wechselnden Liebhabern eingestellt, und auf ein Dasein als alleinerziehende Mutter. Denn dass ich Kinder wollte, wusste ich schon sehr früh. Allerdings wusste ich auch, dass man mit nichts einen Mann schneller in die Flucht schlagen kann als mit der Erwähnung dieses Wunsches. Also hielt ich schön meinen Mund, pflegte mein Image als komplizierte Liebende und suchte mir mit sicherem Griff Männer aus, die nicht zu mir passten und mich leiden ließen. Offenbar gefiel mir das, denn ich hielt ziemlich lange an diesem Beuteschema fest.

Als mein dreißigster Geburtstag näher kam, wurde ich nervös. Ich begann mich zu fragen, ob ich wirklich so weitermachen wollte, oder ob es vielleicht an der Zeit wäre, etwas an meiner Jagdstrategie zu verändern. So richtig prickelnd fand ich die Vorstellung, Kinder ohne Vater aufzuziehen und selbst ohne festen Partner zu bleiben, dann doch nicht.

Dann geschah etwas Unerwartetes. Beim Empfang des Löwenpfoten-Preises lernte ich einen Mann kennen. Er trug ein grässlich gemustertes Sakko und eine Werner-Lorant-Frisur (für Nicht-Münchner: Werner Lorant war in den 90er-Jahren Trainer des TSV 1860 München), saß auf einer Steinbrüstung und umklammerte ein Bierglas. Früher hätte ich den Typ keines Blickes gewürdigt. Ich nahm eigentlich nur Männer wahr, auf deren Stirn geschrieben stand, dass sie narzisstisch, egozentrisch und beziehungsunfähig sind und mich garantiert unglücklich machen würden. Je offensichtlicher ein Mann diesem Prototyp zuzurechnen war, desto anziehender fand ich ihn.

Dieser Mann sah überhaupt nicht so aus. Im Gegenteil, er wirkte eher ein bisschen unsicher und auf jeden Fall völlig ungefährlich. Trotzdem sah ich ihn mir genauer an. Unsere Blicke trafen sich. Und etwas in mir sagte überrascht: »Das ist ja der Mann, den ich heiraten werde!«

Es war kein Blitzschlag, keine Liebe auf den ersten Blick. Sondern die klare Gewissheit, dass ich »ihn« gefunden hatte. Wir unterhielten uns ein bisschen und ich fragte mich, warum er den Kopf so merkwürdig schief hielt. Ich dachte, er hätte sich beim Sport eine Zerrung zugezogen. Später erfuhr ich, dass ihn vor lauter Schreck, mich leibhaftig vor sich zu sehen, eine Genickstarre befallen hatte. Er kannte mich aus dem Fernsehen und stritt immer mit seinem Vater, der mich hasste und der Meinung war, schlimmer als ich seien eigentlich nur Jutta Ditfurth und Ulrike Meinhof. Als wir schon zusammen waren, aber Peters Eltern noch nichts von uns wussten, stellten wir uns vor, wie das für seinen Vater sein würde, wenn er es erführe. Wir fürchteten ernsthaft, er könne eine Herzattacke erleiden, und schoben meinen Antrittsbesuch immer weiter hinaus. Irgendwann war ein Kennenlernen nicht mehr zu vermeiden, schließlich waren wir inzwischen verlobt! Mein Schwiegervater in spe und ich begrüßten uns voller Argwohn – und liebten uns sofort. Bis zu seinem Tod verband uns große Zuneigung.

Als ich ausgetrunken hatte, verabschiedete ich mich von Peter, um auf eine Party zu gehen, die als großer Event angekündigt war – Gloria von Thurn und Taxis sollte dort singen. Jetzt, wo ich den Mann gefunden hatte, den ich heiraten würde, herrschte ja keine Eile, fand ich. Da konnte ich mich ebenso gut noch ein bisschen amüsieren.

Es bedurfte dann noch einiger Anstrengung von ihm, mich endgültig zu erobern. Kampflos wollte ich mein Single-Dasein, das ja auch durchaus vergnügliche Aspekte hatte, dann doch nicht aufgeben. Außerdem musste ich erst einmal testen, ob er überhaupt der Richtige war. Zu diesem Zweck setzte ich eine Zeit lang alles daran, ihn wieder zu vertreiben. Ich behandelte ihn schlecht, machte ihn eifersüchtig und entzog mich ihm. Wenn er aufgäbe, wäre das nur eine Bestätigung meiner Überzeugung, dass es ohnehin kein Mann mit mir aushalten könne. Würde er allerdings diesen Härtetest überstehen und bleiben, so dachte ich, hätten wir vielleicht eine Chance.

Er ist geblieben.

In manchen Momenten frage ich mich, wie mein Leben verlaufen wäre, wenn Peter an diesem 13. September 1989 nicht zu dieser Preisverleihung gegangen wäre, sondern den Abend zu Hause vor dem Fernseher verbracht hätte. Liebende glauben ja gern, es sei Fügung, dass sie einander begegnet sind. Sie mögen den Gedanken, irgendeine höhere Macht hätte ihre Finger im Spiel gehabt, als ihre Lebenswege sich kreuzten. Ich persönlich glaube nicht an Fügung. Peter und ich sind uns zufällig begegnet. Aber wir haben wohl beide die Chance gespürt, die in dieser Begegnung lag, und wir haben sie ergriffen.

Viele unserer Freunde, meine Mutter, meine Brüder, unsere Kinder und die meisten Leute, die uns sonst noch kennen, sind der Meinung, es könne nur an der engelgleichen Geduld meines Mannes liegen, dass unsere Ehe wider alle Erwartungen bisher gehalten hat. Ich weiß wirklich nicht, wie sie zu dieser Einschätzung kommen. Vielleicht liegt es ja an meiner charismatischen Persönlichkeit, meinem hohen Unterhaltungswert und meinem umwerfenden Sex-Appeal? Nein, im Ernst: Was immer die Gründe dafür sind, dass mein Mann bisher bei mir geblieben ist – am meisten überrascht darüber bin ich selbst.

Anmerkung des Ehemanns:
Amelie schreibt, dass sie mich schlecht behandelte, mich eifersüchtig machte und alles daran setzte, mich wieder zu vertreiben. Das stimmt. Aber wieso bin ich nicht einfach gegangen, wieso habe ich mir das bieten lassen? Wo war mein Ehrgefühl, mein Stolz? War ich so blind verliebt? Das war ich natürlich auch, hart an der Grenze zur Unzurechnungsfähigkeit. Aber die Liebe allein hätte als Zauberdroge gegen Amelies Zurückweisungen wahrscheinlich nicht gereicht. Ich erinnere mich an einen Morgen, da stand sie plötzlich vor meiner Tür. Sie war außer Atem, weil die Wohnung im fünften Stock lag, und es keinen Aufzug gab. In der Hand hielt sie eine Ananas. Sie sagte: »Das ist eine Friedenspfeife.« Dann wurde sie rot wie ein junges Mädchen. Drei Tage zuvor hatte ich ihr erklärt, dass die Charta der Menschenrechte auch für Männer in der Werbungsphase gelte, und ich mich nicht weiter von ihr schikanieren lassen würde. Diesmal ist es endgültig, hatte ich betont, denn es war immerhin unsere dritte Trennung in acht Wochen.

Nun aber stand sie da, nannte eine Ananas Friedenspfeife und senkte verlegen den Blick. Hätte ich sie wegschicken sollen? Ich zweifelte keinen Moment daran, dass das verletzliche und scheue Wesen vor mir die wahre Amelie war. In Wirklichkeit wollte sie mich gar nicht vertreiben, sie wollte, dass ich blieb und wir das große gemeinsame Abenteuer wagten. Wenn sie manchmal etwas launisch, abweisend oder sogar gemein war, bedeutete das nur, dass das Ausmaß unserer Liebe sie noch überforderte. Das war nur ein Vorspiel, über das wir später sicher lachen würden.

Die Ananas haben wir üb-

rigens nicht geraucht, sondern uns damit gefüttert – auf meinem selbst gebauten Bett, das wenige Tage später zusammenbrach. Da haben wir uns dann wieder mal getrennt, weil Amelie mit einem handwerklich derart unbegabten Mann auf keinen Fall zusammenbleiben wollte …

»Eine Hauptschwierigkeit der Ehe besteht darin, dass überhaupt zwei Menschen ihr ganzes Leben, Tag und Nacht miteinander leben sollen.«

Theodor Bovet, Die Ehe, ihre Krise und Neuwerdung, 1948

»Der Homo sapiens ist nun mal kein monogamer Typ!«

Interview mit Stefan Woinoff (54), Facharzt für Psychosomatische Medizin und Psychotherapie, tätig als Paartherapeut, Autor des Buches »Überlisten Sie Ihr Beuteschema«. Er kennt seine Frau seit 23 Jahren, ist seit zehn Jahren mit ihr verheiratet, hat zwei Kinder und lebt in München. Wir wollten von ihm wissen, mit welchen Erwartungen Paare heute in die Ehe gehen, welches die häufigsten Probleme sind, und was mögliche Lösungen sein könnten.

Herr Woinoff, was läuft heutzutage schief bei der Paarbildung?

Es gibt immer mehr Frauen, die eigentlich alles richtig gemacht haben – eine gute Ausbildung, eine erfolgreiche berufliche Karriere – und mit Anfang, Mitte dreißig beginnen, nach einem Mann zu suchen. Nach einer Weile merken sie, dass sie nicht den richtigen finden. Wenn sie dann zu mir kommen, fragen sie mich, warum es nicht klappt und ob sie was falsch machen. Dabei ist es ein systemischer Fehler, denn diese Frauen leben zwar ein anderes, emanzipierteres Leben als ihre Mütter und Großmütter, sind aber in ihrem Beuteschema immer noch traditionell, fast archaisch. Unbewusst suchen sie nach einem Ernährer, einem Mann mit höherem Status und Einkommen, zu dem sie aufschauen können. Je höher sie aber selbst beruflich aufgestiegen sind, desto weniger Auswahl haben sie. Über ihnen sind nur noch wenige Männer, und die sind meist vergeben oder bevorzugen jüngere Frauen – und so bleiben viele allein.

Sie raten diesen Frauen, ihr Beuteschema zu analysieren und bewusst zu durchbrechen, indem sie zum Beispiel einen Künstler oder Freiberufler nehmen, der vielleicht wenig verdient, dafür aber Zeit hätte, sich um die Beziehung und die Kinder zu kümmern. Kann man sich so leicht von seiner genetischen Programmierung lösen?

Die ist ja nicht so festgelegt. Natürlich, Frauen wollen bewundern und Männer wollen bewundert werden. Aber es gibt ja auch andere Dinge als Verdienst oder Status, wofür eine Frau einen Mann bewundern kann. Dafür, dass er toll Klavier spielt, ein interessanter Künstler ist, ein kluger Mann, mit dem sie sich gut unterhalten kann. Da kann man sich als Frau dann auch fragen, ob man unbedingt einen Ernährer will, oder ob es nicht auch wertvoll ist, einen guten Partner, Vater und Kinder-Erzieher zu haben.

Wenn sich ein Paar nun also gefunden hat, was sind dann die häufigsten Probleme?

Die erste große Krise entsteht meist, wenn ein Kind kommt. Da passiert oft das Einrasten in die klassische Rollenverteilung, das heißt, der Mann arbeitet noch mehr als vorher, die Frauen sind aus einem oft erfüllenden Arbeitsleben auf die Mutterrolle zurückgeworfen. Diese Triadisierung, also wenn aus einem Paar drei werden, ist eine Riesenumstellung. Aber eines hat sich verändert: Früher haben sich oft die Männer beschwert, dass die Frauen ihnen kaum mehr Aufmerksamkeit schenken – heute erlebe ich es oft, dass die Frauen sich beklagen, die Männer hätten nur noch Augen für das Kind. Heute werden Kinder ja auch auf eine unglaubliche Weise in den Mittelpunkt gestellt – und für das Paar bleibt kaum noch Zeit und Energie. Ich rate dringend, wenigstens einmal die Woche zu zweit auszugehen und möglichst ein paar Tage im Jahr Urlaub ohne Kinder zu machen. Sonst besteht die Gefahr, dass man sich verliert.

Was sind weitere, typische Probleme in Ihrer Praxis?

Eine neue Erfahrung ist die Konkurrenz unter den Ehepartnern. Die erlebe ich immer häufiger, und das kannte ich bisher nicht. Früher hatte der Mann seine Sachen zu tun und die Frau ihre, und man hat gemeinsam geschaut, dass alles klappt. Im besten Fall war die Frau stolz auf die Karriere des Mannes, weil sie die als etwas Gemeinsames empfunden hat. Kürzlich hatte ich ein Paar, beide Biologen, er wurde irgendwann Professor, sie blieb daheim bei den Kindern. Und diese Frau war so neidisch auf ihren Mann, weil sie immer dachte, so eine Karriere wie er hätte sie auch machen können.

Dieser Frust ist doch nachvollziehbar! Frauen sind zunehmend besser qualifiziert und haben mehr berufliche Möglichkeiten als je zuvor – aber sobald es ans Kinderkriegen geht, ist Schluss mit der Gleichberechtigung.

Dieses Paar hätte sich ja auch anders entscheiden können, er hätte zu Hause bleiben und sie Karriere machen können. Nein, es ist eine andere Grundhaltung, die da entstanden ist. Dadurch, dass Männer und Frauen mehr auf Augenhöhe sind, konkurrieren sie jetzt auf allen Gebieten. Im Beruf, aber auch wenn es um Hausarbeit oder familiäre Belastungen geht. Alles muss ausgehandelt werden, weil die Rollenverteilung nicht mehr so selbstverständlich ist wie früher.

Gehen Paare heute mit anderen Erwartungen in die Ehe als früher?

Grundsätzlich haben sie große Erwartungen an den anderen, der dafür verantwortlich gemacht wird, dass man selbst glücklich ist. Die Erwartungen von Frauen empfinde ich da als noch höher als die von Männern. Die meisten Männer wollen ihre Frauen gern glücklich machen, aber die werden immer anspruchsvoller, und das macht die Männer dann verrückt. Nur wenige wollen sehen, dass man auch ein Stück weit das Leben des anderen mitleben kann, und dass, wenn es dem anderen gut geht, das auch gut für mich ist.

Stellen die Frauen heutzutage nicht genau die Ansprüche an die Männer, die schon seit langem von den Männern an sie gestellt werden? Frauen sollen gute Ehefrauen sein, tolle Mütter und interessante Gesprächspartnerinnen – und meistens sind sie das. Warum sollen sie sich mit Männern zufriedengeben, die weniger zu bieten haben?

Jetzt müssen die Männer auch noch schön sein!

Das mussten die Frauen doch immer schon! – Aber wie steht es denn um den Klassiker aller Eheprobleme, die Untreue? Welche Bedeutung hat sie? Ist Untreue immer ein Krisensymptom oder kann sie sogar stabilisierend wirken?

Ein ganz schwieriges Thema, da gibt es keine Regel. Ich hatte ein Paar, da ist der Mann über Jahre fremdgegangen und hat wechselnde Abenteuer gehabt. Seine Frau war verunsichert, aber erstaunlich verständnisvoll. Er selbst hat es als Sucht bezeichnet, und sie war die Co-Abhängige. So eine Geschichte kann durchaus verbindend sein, aber letztlich geht es darum, welche Abenteuer die beiden noch miteinander erleben können. Dieser Mann dachte, er könnte aufregende Gefühle nur außerhalb der Ehe erleben, dafür sei seine Partnerin nicht die Richtige. Aber wenn eine Ehe

Bestand haben soll, muss man die Potenziale, die in der Ehe liegen, erkennen und ausschöpfen.

Was raten Sie, wenn die erotische Anziehung zwischen den Ehepartnern nachlässt, und einer – oder beide – sich den sexuellen Kick außerhalb der Ehe holen?

Wenn es wirklich nur ein Seitensprung ist, es sich also nicht um eine systemrelevante Beziehung handelt – dann sollte man es dem Partner nicht sagen.

Im Ernst? Das würden viele aber als großen Vertrauensbruch empfinden!

Das, was durch die Erzählung beim Partner ankommt, wird nie dem entsprechen, was wirklich passiert ist. Selbst, wenn es nur ein harmloses, kleines Strohfeuer war, würde so ein Geständnis den anderen verletzen und womöglich einen Schaden anrichten, der in keinem Verhältnis zum Anlass steht. Außerdem ist es nicht in Ordnung, wenn derjenige, der untreu war, sich mit einem Geständnis die Absolution des Partners holen will. Das soll er schön mit sich selbst ausmachen. Anders ist es natürlich, wenn man sich ernsthaft verliebt hat.

Sexuelle Untreue muss also nicht automatisch zur Krise führen?

Nein. Es gibt ja auch den Fall, dass jemand einfach ein bisschen Bestätigung braucht. Manche Frauen haben den ersten oder zweiten Mann ihres Lebens geheiratet – die wollen vielleicht mal erleben, wie es ist, von einem anderen als dem eigenen Mann begehrt zu werden. Eine Ehe, in der die Partner zwanzig, dreißig oder vierzig Jahre treu sind – das ist das absolut Besondere. Das Normale ist, dass man in dieser langen Zeit auch mal jemand anderen attraktiv findet und dieser Versuchung vielleicht nicht immer widerstehen kann. Der Homo sapiens ist nun mal kein monogamer Typ.

Was macht eine Ehe haltbar?

Zwischendurch sollte man sich immer mal ansehen, wie die Situation gerade ist, was die positiven Aspekte sind. Dass man sich kennt, dass man weiß, was der andere mag, dass man mit ihm vertraut ist. Man sollte nicht irgendetwas Unrealistisches erwarten, sondern sich und dem anderen zugestehen, dass jeder sich weiterentwickelt, und so entwickelt sich auch die Interaktion, die Beziehung weiter. Eine gewisse Großzügigkeit ist auch wichtig, dass man dem anderen nicht jede kleine Schwäche vorhält oder ihn ständig kritisiert. Wichtig ist, zu akzeptieren, dass eine Ehe so etwas ist wie ein Lebewesen, das sich weiterentwickelt. Ein Organismus, der gute und schlechte Zeiten hat, der auch mal Krisen hat, und der altert. Dass also bei einer Ehe nichts zementiert ist, und wenn einer der Partner sagt, es ist ja gar nicht mehr so, wie vor fünf Jahren, kann ich nur sagen: Zum Glück!

Das ist ein interessanter Gedanke, dass ein Paar nicht nur zwei sind, sondern gemeinsam etwas Drittes schaffen: die Beziehung. Dass sie also eine gestalterische Aufgabe haben.

Und dass dabei auch Dinge geschehen können, die man nicht erwartet. Wichtig ist auch, dass man beim anderen bestimmte Bedürfnisse abdeckt. Letztendlich sexuelle Bedürfnisse, zumindest. Man kann fast alles ohne große Probleme und sanktionslos mit anderen machen, Tennis spielen, in den Urlaub fahren, Tiefseetauchen – beim Sex kann das schwierig werden. Den sollte man zumindest weitgehend exklusiv mit dem Partner erleben, und man sollte den Sex auch nicht völlig einschlafen lassen.

Die Paare, die ich kenne, die auch nach Jahren und Jahrzehnten noch gut miteinander sind, die haben alle Krisenzeiten gehabt. Diese Phasen haben auch mal zwei, drei oder vier Jahre gedauert, aber die Eheleute haben trotzdem nicht losgelassen. Es geht nicht darum, dass man den anderen auf Händen trägt, sondern erträgt. Man muss in einer Ehe auch mal was aushalten können. Und oft ist die Liebe auch nach einer schwierigen Zeit gar nicht weg, sondern nur verschüttet. Dann muss man eben graben und schauen, was sich da alles drüber gelagert hat.

Die lebenslange Ehe ist also durchaus keine romantische Illusion, sondern ein gemeinsames Projekt, dessen Gelingen die Partner zu einem erheblichen Teil selbst in der Hand haben?

So kann man es sehen. Für mein Gefühl geben viele in der Krise zu schnell auf. Natürlich finden manche auch einen besseren oder passenderen Partner, aber das ist eher die Ausnahme. Paare, die mal einen Berg überwunden haben, stehen nachher ganz anders da. Die haben eben nicht aufgegeben.

Die Ehe ist aber auch kein Abonnement auf immerwährendes Glück, wie viele zu glauben scheinen?

Ja, das ist ein großes Problem, dass viele Singles das glauben. Die projizieren in eine Partnerschaft ihre gesamten Glückssehnsüchte, und wenn es dann nicht funktioniert, sind sie höchst erstaunt. Viele reden sich dann ein, sie seien eben als Single glücklicher, und ich widerspreche ihnen dann auch nicht. In Wahrheit glaube ich aber, dass der Mensch dazu gemacht ist, sich zu verbinden. Und die Ehe ist noch immer der beste aller denkbaren Kompromisse.

»Es ist schon komisch, dass ein Mann, der sich um nichts auf der Welt Sorgen machen muss, hingeht und eine Frau heiratet.«

Eminem

 ## Die Verlobung von Ischia

Nach ein paar Wochen schlug Amelie einen gemeinsamen Urlaub vor. Ich begriff sofort, dass es sich um eine Testreise handeln würde, für uns beide. Wir hatten noch nie mehr als einen Tag und eine Nacht zusammen verbracht. Was würde passieren, wenn wir vier Wochen eine Wohnung und ein Bett teilten? Würden wir uns noch mehr lieben, einander langweilig finden, oder am Ende massakrieren?

Ich kannte Ischia. Als Junge war ich mit meinen Eltern dort gewesen. Der Urlaub war von der Steuer absetzbar, da auf der Insel ein Ärztekongress stattfand. Nur, den besuchte mein Vater, der Arzt, nicht. Allerdings nicht, weil er ein Steuerbetrüger war, sondern Opfer eines aus dem Hotelpool stammenden Virus. Das heißt, er selbst blieb verschont, aber der Hotelarzt war im Urlaub. So musste mein Vater einspringen und vierzehn Tage lang kotzende und diarrhöische Menschen versorgen. Auch meine Brüder und ich gehörten zu seinen Patienten. Das war meine Erinnerung an Ischia. »Ich liebe diese Insel«, sagte ich zu Amelie, »ich bin dabei.«

Sie hatte bereits gebucht. Die Wohnung war ein Traum. Sie lag im Obergeschoss einer weißen Villa, der Blick auf die Bucht von Lacco Ameno war spektakulär. Nachts zirpten die Grillen, Zypressen und Pinien hüllten uns in ätherische Duftwolken. Einmal luden wir einen Künstler aus Norditalien auf unsere Terrasse ein. Der Mond ging über dem Meer auf, die Lichter des nächsten Hafenstädtchens glitzerten. »Ogni luce é un cornuto«, sagte er. Die Botschaft war eindeutig: Der arme, gerade von seiner Frau verlassene Mann witterte in jedem Haus einen Gehörnten. »Jeder bescheißt jeden, und das nennt man Liebe«, fügte er verbittert hinzu. Wir luden den Künstler nicht noch einmal ein. Er passte nicht zu unserem Glück.

Amelie stellte sich als beinahe unkomplizierte Reisegefährtin heraus. Nur der Weg zum Strand war ihr zu weit und der auf den Inselvulkan zu steil (zu joggen begann sie erst zehn Jahre später …). Ich war nach wie vor rasend in sie verliebt, konnte mir aber nicht vorstellen, dass eine so schöne, intelligente, erfolgreiche und erotische Frau ihr Leben ausgerechnet mit mir teilen wollte. Vielleicht dienten Amelie diese Ferien ja nur dazu, letzte Zweifel auszuräumen, dachte ich. Vielleicht steht das negative Testergebnis eigentlich schon fest. Diese Befürchtung hemmte mich ein wenig bei der Entfaltung meiner Qualitäten. Wenn die Umstände stimmen, kann ich leidenschaftlich sein, oder sogar geistreich. In diesen Tagen aber wurden meine Gedanken zusehends träge und trübe und meine Gefühle wie von Mehltau überlagert. War das die Hitze (33 Grad) oder die Angst vor dem Moment der Wahrheit? Nein, es waren die Legionellen. Sie waren von einer Zisterne zu unserem Warmwasserboiler und von dort aus in meinen Körper gewandert. Seltsamerweise war ihr Ziel nicht, wie bei der Legionärskrankheit üblich, meine Lunge, sondern mein Gehirn. Amelie merkte nicht gleich, dass ich wirrer redete als sonst, und meine Aussprache feuchter wurde. Auch der Muskelkater ohne vorherige körperliche Betätigung irritierte sie kaum. Dass bereits ein Schluck Bier zu völliger Trunkenheit führte, verstörte nur mich. Bald gelang es mir nicht mehr, auf geradem Weg zur Toilette zu gehen, ich musste auf allen vieren krabbeln. Die Legionellen sorgten dafür, dass ich meinen Namen nicht mehr wusste, ein – für alle anderen kaum hörbarer – Hund stundenlang unerträglich laut neben meinem Bett bellte, ich nicht mehr schlucken und nur mit größter Mühe atmen konnte. Amelie, die mich aufopfernd pflegte, überlegte bereits, wie sie meinen Eltern, die sie noch nicht kennengelernt hatte, die Todesnachricht überbringen sollte. Ach, Ischia. Hätte damals nicht ein befreundeter Arzt mit uns Urlaub gemacht, wäre ich wohl dort begraben. Und nicht nur ich.

Dann wirkten die Tetracycline. Ich erholte mich rasch und geriet in eine Euphorie, wie sie bei Überlebenden wohl häufiger vorkommt. Ich band mir ein Küchentuch um den Kopf und sang eine Arie im Stile Beniamino Giglis. Meine Stimme war zwar noch ein wenig heiser und der Text deutsch, aber meine Empfindungen unglaublich tief. Ich stieg auf die schmale Brüstung unserer Terrasse und balancierte über dem Abgrund. Ich warf mich Amelie zu Füßen und trug sie auf der Schulter durch die Wohnung. Dabei sang ich unaufhörlich weiter. Es war nur eine Zeile in vielen Variationen: »Willst du mich heiraten?«

Als ich schließlich erschöpft in einen Sessel sank, sagte Amelie: »Wieso nicht?« Zu diesem Zeitpunkt allerdings waren auch bei ihr Legionellen Richtung Gehirn unterwegs. Sie wurde sehr krank, und ich bekam die Chance, als Frischverlobter meine pflegerischen Qualitäten unter Beweis zu stellen. Wir schätzen, dass uns die Krankheit beide mindestens 20 Punkte auf der Intelligenzskala gekostet hat. Vielleicht hat deswegen keiner von uns beiden je daran gedacht, die Verlobung von Ischia wegen Unzurechnungsfähigkeit infrage zu stellen. Die Schrumpfung unserer Gehirne machte alles insgesamt etwas weniger kompliziert.

Trotzdem gibt es einen sehr betrüblichen Aspekt dieser Ferien. Der Tag, an dem ich mit dem Hundemonster neben meinem Ohr kämpfte, war der 8. Juli 1990. Deutschland wurde in Rom durch ein 1:0 gegen Argentinien Fußballweltmeister. Davon bekam ich nicht das Geringste mit. Aber dafür war ich verlobt.

»Die Liebe macht die krummen Dinge gerade.«

Katharina von Genua

»Die Ehe ist der Versuch, zu zweit wenigstens halb so glücklich zu werden, wie man allein gewesen ist.«
Oscar Wilde

Warum überhaupt heiraten?

Natürlich nahm ich Peters Antrag an – schließlich hatte ich ja schon bei unserer ersten Begegnung gewusst, dass wir heiraten würden. Aber kaum hatte ich »wieso nicht?« gesagt, fragte ich mich auch schon, »warum eigentlich?«. Heiraten hatte ich immer spießig gefunden. Ich hatte nie einen Ehemann gesucht, immer nur einen Partner und potenziellen Vater für meine Kinder. Ich war eine unabhängige, berufstätige Frau, brauchte also keinen Ernährer. Und ich war immer schon ausgesprochen freiheitsliebend – warum also sollte ich mich ohne Not von Konventionen einengen und mir vom Staat in das Privateste, was es gibt, hineinreden lassen – meine Liebesbeziehung?

Ich war zum Zeitpunkt seines Antrages nicht schwanger, und selbst wenn ich es gewesen wäre, hätte ich es nicht als Anlass gesehen, zu heiraten. Eigentlich gab es aus meiner Sicht überhaupt keinen akzeptablen Grund für eine Eheschließung.

Außer ... das zuzugeben ist mir jetzt ein bisschen peinlich, aber es ist die Wahrheit: Ich fand es unglaublich, ja geradezu überwältigend, dass mich überhaupt jemand fragte! Dass es tatsächlich einen Mann gab, der mich wirklich wollte! Und zwar so sehr, dass er bereit war, diesen Wunsch für jeden sichtbar durch eine Eheschließung zu dokumentieren! Ich, die davon überzeugt war, wenig liebenswert zu sein, schwirig, wahrscheinlich beziehungsuntauglich – ich war in der Lage, solche Gefühle bei einem Mann auszulösen! Wenn die Liebe den anderen erhöhen, verschönern und glücklich machen soll, so war Peter das in diesem Moment gelungen. Ich fühlte mich erwählt, konnte mich selbst mit anderen Augen sehen und mir plötzlich vorstellen, ich wäre nicht nur dieses komplizierte, neurotische Wesen, als das (nicht nur) ich mich bisher gesehen hatte, sondern besäße auch liebenswerte Seiten. Vielleicht schlummerte ja auch in mir die Fähigkeit zu Liebesglück und Beständigkeit, und vielleicht gingen die Fälle, bei denen ich in der Vergangenheit Schiffbruch erlitten hatte, nicht nur auf mein Konto.

Aber die Euphorie des Augenblicks verging und die Zweifel mehrten sich. Ich kannte diesen Mann noch nicht mal ein Jahr, wir hatten noch nie zusammengelebt, unsere ersten Monate waren alles andere als ungetrübtes Liebesglück gewesen (schließlich befand er sich noch in der Testphase, und wir hatten uns x-mal gestritten und wieder versöhnt), und überhaupt: Ich wollte nicht heiraten! Ich hatte mich noch nie gern festgelegt, hatte die Dinge immer gern in der Schwebe gehalten, mich oft erst im letzten Moment für oder gegen ein Angebot entschieden – und nun sollte ich mich für den Rest meines Lebens festlegen? Panik befiel mich.

Wenige Tage vor der Hochzeit war ich zu Besuch bei meiner Mutter in meinem Elternhaus. Als sie kam, um mir gute Nacht zu sagen, fand sie mich in Tränen aufgelöst. Bestürzt fragte sie mich, was denn los sei, aber ich konnte es ihr nicht erklären. Sie zog offenbar den Schluss, dass ich an der Wahl meines zukünftigen Ehemannes zweifelte – kein Wunder, er war ja auch ganz anders als die Männer, die ich ihr bisher vorgestellt hatte. Um mich zu trösten, sagte sie: »Mach dir keine Sorgen, die Liebe kommt mit der Ehe.« Daraufhin weinte ich noch mehr, denn das war nun überhaupt nicht mein Problem: Ich fürchtete, die Liebe würde mit der Ehe gehen. Und war die Liebe nicht das Wichtigste?

Früher ging es für uns Frauen einfach nur darum, unter die Haube zu kommen. Oft suchten die Eltern einen Ehemann für ihre Tochter, und wenn ein passender Kandidat gefunden war, wurde nicht lange gefackelt. Als Frau hatte man gar keine Wahl, eine Heirat war fast immer die einzige Option, und so war man schon dankbar, wenn einen der Mann nicht prügelte und vergewaltigte, einer regelmäßigen Beschäftigung nachging und seinen Lohn nicht verspielte oder versoff.

Die Ehe war eine Art Wirtschaftsunternehmen, in vermögenden Kreisen ging es oft darum, durch eine Heirat eine lukrative Fusion zweier Familienbetriebe oder Gutshöfe herbeizuführen, beim Adel hatten Hochzeiten häufig politische Hintergründe. Noch in der Zeit, in der meine Mutter meinen Vater heiratete (Ende der 50er-Jahre), spielten Kriterien wie Status, Einkommen und gesellschaftliche Stellung eine große Rolle bei der Wahl des Ehepartners. Wichtig war, dass man unter diesen Aspekten »zusammenpasste«, nicht so sehr, ob man ineinander verliebt war. Im besten Fall mochte man sich, hatte gemeinsame Interessen und ähnliche Vorstellungen von Humor – in diesen Fällen gab es immerhin die Chance, dass sich mit der Ehe eine Form von Liebe oder zumindest Zuneigung entwickelte. Ob man im Bett zusammenpasste, stellte man häufig erst fest, wenn es zu spät war – im prüden gesellschaftlichen Klima dieser Zeit war es schwierig, Sex vor der Ehe auszuprobieren oder gar ohne Trauschein zusammenzuleben.

Möglicherweise waren Ehen vor hundert Jahren nicht mal so viel unglücklicher, denn wer geringe Erwartungen hat, kann kaum enttäuscht werden. Die wenigsten Verheirateten haben vermutlich damals von ihren Ehepartnern erwartet, dass die ihr Innerstes verstehen, sich mit ihnen über ihre Gedanken, Hoffnungen und Ängste austauschen, sensibel auf ihre Bedürfnisse eingehen, kurzum: sie glücklich machen. Genau das erwarten wir aber heute, wenn wir heiraten. Unsere Vorstellung von der Ehe als höchstem Ausdruck der Liebe, als Einrichtung zur Herstellung permanenter Glücksgefühle, befrachtet diese Institution mit dermaßen hohen Erwartungen, dass die Gefahr der Enttäuschung und des Scheiterns natürlich viel größer ist.

»Wenn ein Mädchen heiratet, tauscht es
die Aufmerksamkeit vieler Männer gegen
die Unaufmerksamkeit eines einzigen ein.«

Helen Rowland

Um ein Haar hätte ich beschlossen nicht zu heiraten, an diesem Abend im Haus meiner Kindheit, in einem Bett liegend, in dem ich viele Male zuvor gelegen hatte – als Mädchen, als junge Frau, als erwachsene Frau. Immer war das ich gewesen, und dieses Ich war eindeutig definiert, hatte klare Konturen. Und nun war dieses Ich im Begriff, zu einem Teil von etwas Neuem zu werden, sich in einem unbekannten Wir aufzulösen, und das machte mir schreckliche Angst.

Ich hatte keine besonders gute Meinung von der Ehe, denn die Verbindung meiner Eltern war nicht sehr glücklich gewesen. Als Kind hatte ich sogar die Vorstellung, der Ehepartner sei eine Art Aufpasser, der die Eltern ersetzt, sobald man erwachsen ist. Ich konnte mir nicht vorstellen, dass Leute freiwillig heiraten, weil sie sich gernhaben oder sogar lieben. In dieser Hinsicht hatte ich inzwischen zwar dazugelernt, trotzdem blieben Zweifel.

Kurz danach provozierte ich einen schlimmen Streit mit Peter, der darin gipfelte, dass ich ihn fragte: »Soll ich das Aufgebot abbestellen?«, und insgeheim hoffte, er würde »ja« sagen. Dann wäre die Hochzeit geplatzt, ich wäre aber nicht schuld gewesen. Schlauerweise sagte Peter: »Mach, was du willst«, und verließ meine Wohnung. Damit saß ich da und musste selbst die Verantwortung übernehmen, für das, was ich tat.

Ich sagte die Trauung nicht ab. Panik vor der Hochzeit scheint ein verbreitetes Phänomen zu sein – in so und so vielen Filmen habe ich gesehen, dass Bräute kurz vor der Trauung fliehen wollen und am Ende glücklich in die Arme ihres Bräutigams sinken. Außerdem hätte ich das meiner Familie nicht antun können, die sowieso schon genervt war, dass ausgerechnet zwischen Weihnachten und Neujahr unsere Hochzeit stattfinden sollte. Eine bessere Terminierung des großen Ereignisses war uns nämlich nicht geglückt.

Als feststand, dass wir heiraten würden, hatte ich mit schwäbischem Pragmatismus beschlossen, dass wir ja dann die Steuervorteile fürs laufende Jahr noch mitnehmen könnten. Dadurch rutschte der Termin in den Dezember. Unter diesen Umständen, so fand ich, könnten wir gleich an Silvester heiraten – dann wäre das Feuerwerk umsonst. Leider war das Standesamt am Silvestertag nicht geöffnet. Am Tag zuvor auch nicht. Am 29. war schon alles voll. Blieb der 28. Dezember, so ungefähr das unromantischste Datum zum Heiraten, das ich mir vorstellen kann, und bestimmt nicht der Tag, an dem man ein rauschendes Fest feiert. Inzwischen war ich sowieso im fünften Monat schwanger, damit war der Gedanke an ein großartiges Hochzeitskleid ebenfalls hinfällig. Kirchlich wollten wir auch nicht heiraten, und damit war dann die letzte Chance auf ein bisschen Pomp und Glamour vertan. Und so wurde der »schönste Tag im Leben einer Frau« für mich von Anfang bis Ende ein Desaster.

Die Trauung war für zehn Uhr angesetzt, die Zeit, zu der ich am schlimmsten unter schwangerschaftsbedingter Morgenübelkeit litt. Meine Verwandten aus dem Schwäbischen waren zu nachtschlafender Stunde aufgestanden und über schneebedeckte Autobahnen geschlittert, um rechtzeitig in München zu sein. Gähnend saßen sie im Trauungszimmer des Standesamtes und wohnten einer Zeremonie bei, die nüchterner nicht hätte sein können. Nach höchstens zehn Minuten war alles vorbei, und ich eine verheiratete Frau. Ich überstand das Ganze nur, weil ich mir unablässig vorsagte: »Wir können uns ja wieder scheiden lassen.«

Leider machte ich den Fehler, diesen Satz auch laut zu sagen, als meine Schwiegereltern mir gratulierten. Sie gaben ihrer Freude darüber Ausdruck, dass ich als »emanzipierte Frau« mich zu einer Eheschließung hatte durchringen können. Und weil ich ihre Zweifel spürte, ob die Sache gut gehen würde, sagte ich tröstend: »Wenn's nicht klappt, können wir uns ja wieder scheiden lassen.«

Das ist vermutlich genau das, was Eltern hören wollen, wenn ihr Sohn heiratet.

Anlässlich unserer Hochzeit hatten wir auch noch den Einfall, eine Freundin von mir mit einem Freund von Peter zu verkuppeln. Insgeheim wünschten wir uns wohl, dass möglichst viele Paare unser Schicksal teilen und ebenfalls heiraten sollten. Wir sorgten also dafür, dass die beiden beim Mittagessen nebeneinander saßen und beobachteten zunehmend besorgt, dass sie kein Wort miteinander sprachen. Als sie später – unabhängig voneinander – von unserem Plan erfuhren, hätten uns beide um ein Haar empört die Freundschaft gekündigt. Wie wir bloß auf den Gedanken gekommen wären, sie würden zueinander passen! Das fragten wir uns dann allerdings auch. Offenbar hatte uns angesichts der Extrembelastung unserer Hochzeit jegliches Urteilsvermögen im Stich gelassen. Es ging dann eigentlich auch sonst so ziemlich alles schief, was schiefgehen konnte. An dieser Stelle nur so viel: Meine Mutter schämt sich noch heute, mehr als zwanzig Jahre danach, vor unserer gesamten Verwandtschaft für diese komplett missglückte Hochzeit.

Also nochmal: Warum überhaupt heiraten?

Natürlich gibt es durchaus praktische Gründe, die für eine Eheschließung sprechen. »Mein Mann« oder »meine Frau« sagt sich einfach leichter als »mein Partner«, »mein Lebensabschnittsgefährte« oder wie das früher übliche »mein Bekannter«.

Manche Leute mokieren sich ja gern über das Possessivpronomen »mein/e« bei der Bezeichnung des Ehepartners, das sei anmaßend und übergriffig und erkläre den anderen zu Eigentum. Ich finde, wenn man schon verheiratet ist, kann man auch zeigen, dass man diesem Mann oder dieser Frau besonders verbunden ist. Jeder vernünftige Mensch weiß ohnehin, dass man einen anderen nicht besitzen kann.

Weiterhin ist es praktisch, verheiratet zu sein, wenn man gemeinsame Kinder hat. Das Sorgerecht ist automatisch geregelt und der Vater setzt sich nicht dem Verdacht aus, ein fremdes Kind entführen zu wollen, wenn er mit seinem unehelichen Sprössling eine Flugreise antritt.

Schließlich gibt es bei uns in Deutschland noch das Ehegattensplitting, eine steuerliche Regelung, die mal dazu gedacht war, die Hausfrauen-Ehe zu fördern. Das Einkommen des Mannes und das der Frau werden zusammengezählt und durch zwei geteilt.

Dieser Betrag wird dann verdoppelt und versteuert. Davon profitieren logischerweise am meisten die Paare, bei denen einer (in der Regel die Frau) wenig oder gar nichts verdient. Verheiratete Frauen, die arbeiten u n d Kinder großziehen, profitieren von dieser Regelung je nach Einkommen nicht oder nur minimal.

Es wäre höchste Zeit, dieses schwachsinnige Relikt aus der Nazizeit (das Gesetz stammt von 1934 und wurde von Adenauer später übernommen) durch ein Familiensplitting oder eine andere zeitgemäße Regelung zu ersetzen.

Es muss aber auch noch andere Gründe geben, zu heiraten. Gründe, die mehr im emotionalen Bereich angesiedelt sind. Man heiratet heute ja üblicherweise nicht mehr, weil:

- es sich eben so gehört,
- die Eltern es von einem erwarten,
- die Kinder ehelich sein sollen,
- die Frau sich einen sozialen Aufstieg erhofft,
- man leichter eine Wohnung findet,

sondern, weil man der Welt zeigen will, dass man den- oder diejenige so sehr liebt, dass man gegen alle statistische Wahrscheinlichkeit einen Schritt geht, den man nicht gehen muss, der ziemlich unzeitgemäß ist und mit annähernd fünfzigprozentiger Wahrscheinlichkeit in den Abgrund führt. Es trotzdem zu tun, ist eine Rebellion gegen unsere durchrationalisierte Welt, in der bei jedem Projekt Kosten und Nutzen gegeneinander abgewogen werden, und in der Überschwang, Euphorie und Leidenschaft kaum mehr Platz haben. Es ist ein Aufbegehren gegen Ängstlichkeit und Statistikgläubigkeit, ein Sieg der Hoffnung über die Erfahrung.

Vielleicht gibt in unserer modernen, aufgeklärten Zeit überhaupt nur noch einen Grund zu heiraten: Weil es eigentlich total überflüssig ist. Und gerade deshalb so romantisch.

»Es gibt zwei Perioden, in denen ein Mann eine Frau nicht versteht – vor der Hochzeit und nach der Hochzeit.«
Robert Lembke

Topfenknödel

Warum hatte mir nie jemand gesagt, was Hormone mit Frauen anstellen? Vor allem die Hormone, die während einer Schwangerschaft ausgeschüttet werden. Dass die werdende Mutter sich zur Urgewalt entwickelt, und der Versuch sich ihr entgegenzustellen so sinnvoll ist, wie einen Tsunami mit einer Sandburg aufhalten zu wollen.

Amelie hatte die Ehe immer als eine Einrichtung für Spießer und Angsthasen bezeichnet, nun musste es plötzlich ganz schnell gehen. Das sei gut für unser Kind. Meinen Vorschlag, abzuwarten und die Meinung des Kindes einzuholen, fasste sie zu Recht als Humorbeitrag auf. Denn ich wollte ja auch unbedingt heiraten und möglichst auf ewig bei ihr bleiben. Ich konnte mir gut eine Hochzeit auf einem Berggipfel vorstellen (dazu war Amelie die falsche Partnerin) oder eine in einem Olivenhain in Italien, auf Ischia zum Beispiel. So bekämen die Legionellen dort eine weitere Chance, unschuldige Menschen zu befallen und zu verkuppeln. Amelie erklärte mir, dass eine Hochzeit eine ernste Angelegenheit sei, und bestellte das Aufgebot. Ich war beunruhigt und befürchtete, dass sie in ihrem hormonerfüllten Zustand, wie schon bei unserer Verlobung, eigentlich nicht geschäfts- und zurechnungsfähig war. Dafür war sie umso steuerungsfähiger, das heißt, sie steuerte alles. Es sollte eine kleine, diskrete Hochzeit werden, eine turbulente wollte sie dem Kind, das fünf Monate später eintreffen sollte, ersparen. Außerdem war sie sich ihrer Sache trotz aller Hormone doch nicht ganz sicher. Wenn wir uns also bald wieder scheiden ließen, mussten wenigstens nicht so viele Leute informiert werden. Amelies Mutter, eine sehr großzügige Frau, finanzierte die Hochzeit und wollte, dass wir uns ein Leben lang an den bedeutenden Tag erinnern. Das gelang. Allerdings anders, als sie es sich vorgestellt hatte. Amelie wählte als Veranstaltungsort nicht etwa den Bayerischen Hof oder das Schumanns, sondern zu unser aller Erstaunen das Knödelstüberl. Hierbei handelte es sich um eine verrufene Einraumkneipe für Fernfahrer. Woher kannte Amelie dieses Etablissement überhaupt? Sollte einer meiner Vorgänger ein Held der Landstraße gewesen sein? Ich habe es bis heute nicht herausgefunden. Bei der ersten Besichtigung des Knödelstüberls war ich verwirrt, obwohl meine Eltern die Bescheidenheit immer als eine der wichtigsten Tugenden gefeiert hatten. Wollte Amelie den schönsten Tag unseres Lebens wirklich unter Pin-ups, Büffelhörnern und Fuchsschwänzen feiern? »Mir ist wichtig, dass die Feier nicht so förmlich und steif wird«, erklärte sie. Sie wurde leider sehr steif, weil Amelies Mutter einige ihrer kultiviertesten Verwandten eingeladen hatte, die sich im Knödelstüberl partout nicht heimisch fühlen wollten. Unser Trauzeuge, ein Schweizer Verleger, schied nach dem Essen sogar völlig aus unserem Leben. Sein luxuriöses Geschenk verriet, dass er hoffte, bei Amelie Frieds Hochzeit zumindest die Münchner Schickeria, wenn nicht die Spitzen der deutschen Gesellschaft zu treffen. Stattdessen saß er mit meiner schwerhörigen Tante, meinem Firmpaten, dessen zackige Rede wie immer mit »ad multos annos« endete, und einem verstockten Maler am Tisch und bekam zähes Rehgulasch serviert. Meine Schwiegermutter schämte sich sehr, meine Familie hingegen war mit der Verdauung von Amelies Bemerkung beschäftigt, scheiden lassen könne man sich immer. Das war für meine gut katholischen Eltern eine schockierende Vorstellung und sie erkundigten sich zukünftig an jedem unserer Hochzeitstage vorsichtig, ob Amelie die Ehe fortzusetzen gedenke.

Obwohl das Knödelstüberl über kein Abluftsystem verfügte, und Amelie in dieser Phase ihrer Schwangerschaft sehr geruchsempfindlich war, ging es ihr prächtig. Ihre Wangen glühten und sie übersah in ihrem Glück, welchen Belastungen einige ihrer Gäste ausgesetzt waren. Der Verleger bemühte sich verzweifelt, die literarische Qualität der Gstanzln meines kleinen Bruders zu würdigen. Der Firmpate musste für die schwerhörige Tante jeden Satz der schlüpfrigen Rede meines Schwagers laut wiederholen. Zwischen Hauptspeise und Dessert flohen alle, auch die Nichtraucher, »zum Rauchen« nach draußen. Amelie aber fiel mir glücklich um den Hals und küsste mich. »So ein schöner Tag«, sagte sie, »und das Beste kommt erst noch«. Was meint sie bloß, dachte ich, die Hochzeitsnacht vielleicht?

Meine Frau freute sich auf etwas anderes. Das begriff ich, als der tätowierte und asthmatische Kellner die Teller mit dem Dessert auf den Tisch knallte. Ich muss sagen, die Topfenknödel waren perfekt – locker und doch fest genug, und mit köstlich-buttrigen Semmelbröseln bestreut. Neben mir genoss Amelie seufzend. Ob es mir mal ohne Topfenknödel und Schwangerschaftshormone gelingen wird, sie so glücklich zu machen, dachte ich.

»Man soll nur schöne Frauen heiraten. Sonst hat man keine Aussicht, sie wieder loszuwerden.«

Danny Kaye

Nachbemerkung:
Unsere Ehe hält jetzt doch schon ein paar Jahre länger als erwartet. Das haben wir aber nie gefeiert, im Gegenteil. Immer an unserem Hochzeitstag versuchen wir, an die legendäre Feier im Knödelstüberl anzuknüpfen. Wir besuchen bewusst schäbige Lokale und essen schlecht. Lange war unser Favorit das Woki Toki, aber das musste schließen, weil man in den Reisgerichten Katzenfutter gefunden hatte. Schade, uns hat es Glück gebracht.

Anmerkung der Ehefrau:
Dieses Kapitel entspringt zu großen Teilen der Phantasie meines Mannes, der nicht umsonst ein erfolgreicher Drehbuchautor ist. Zumindest kann ich mich an Pin-ups, Büffelhörner, Fuchsschwänze und tätowierte Kellner nicht erinnern. Aber das mag daran liegen, dass meine Erinnerungen an dieses Hochzeitsmahl durch überlebensgroße Visionen von köstlichen, lockeren, butterbröselbestreuten Topfenknödeln verdeckt werden – die waren nämlich wirklich sensationell!

Was am unwahrscheinlichsten klingt, hat mein Mann übrigens nicht erfunden: Das seltsame Ritual des Absichtlich-schlecht-Essens am Hochzeitstag. Das machen wir tatsächlich so und sind beide höchst abergläubisch, was die glücksbringende Wirkung betrifft. Ein einziges Mal sind wir von dieser Routine abgewichen und in ein teures Feinschmeckerlokal gegangen. Im darauffolgenden Jahr hatten wir die schlimmste Krise unserer Ehe. An unserem zwanzigsten Hochzeitstag, den wir in Buenos Aires feierten, erlebten wir aber einen einsamen Höhepunkt unserer schönen Tradition: Wir fanden eine stinkende, rauchige Würstchenbude, wo die Trinker der Gegend sich für ihr allabendliches Besäufnis versammelt hatten, und aßen die fettesten, verbranntesten und ekeligsten Grillwürste unseres Lebens. Zum Glück hatten wir vorsorglich unseren eigenen Senf mitgebracht, den wir mit der hauseigenen Chilisoße mischten. Die Schärfe ätzte alle Bakterien weg, und so bleibt zu hoffen, dass wir auch die nächsten zwanzig Jahre trotz kulinarischer Experimente gemeinsam er- und überleben werden.

Sind Sie für die Ehe geeignet?

Mit diesem Test können Sie herausfinden, ob Sie es wagen sollten, den Bund fürs Leben einzugehen – oder ob Sie sich und andere bloß unglücklich machen würden. Jede Frage bietet vier Antwortmöglichkeiten. Kreuzen Sie eine davon an und zählen Sie dann Ihre Punkte zusammen. Die Gesamtpunktzahl gibt Ihnen, zuverlässig und psychologisch fundiert, Aufschluss darüber, ob Sie ein geeigneter Kandidat für die Ehe sind, und wenn ja, warum.

1) Warum sind Sie eigentlich noch nicht verheiratet?
   a) Ich bin noch auf der Suche nach mir selbst.
   b) Mein/e Verlobte/r ist mit dem Pfarrer durchgebrannt.
   c) Ich weiß nicht genau, ob ich nicht vielleicht schwul bin.
   d) Warum soll ich e i n e n Mann/e i n e Frau unglücklich machen, wenn ich Hunderte unglücklich machen kann?

2) Für Frauen: Was stört Sie an einem Mann?
   a) Wenn er nach dem Essen erst mal abspülen will.
   b) Wenn er vor dem Sex endlos reden will.
   c) Wenn er im Steak-Restaurant über Massentierhaltung redet.
   d) Wenn er weniger als zwei Paar Schuhe besitzt.

3) Für Männer: Was stört Sie an einer Frau?
   a) Wenn sie immer Lust hat.
   b) Wenn sie mich unbedingt beim Shoppen begleiten will.
   c) Wenn sie nicht mit mir über meine Gefühle reden will.
   d) Wenn sie was Böses über meine Mama sagt.

4) Was erwarten Sie von Ihrer ersten Verabredung?
   a) Dass er/sie nicht sagt: »Ich wäre gern eine Frau/ein Mann!«
   b) Dass wir viel zu teuer essen gehen – und die Zeche prellen.
   c) Dass wir offen über unsere Phobien sprechen.
   d) Dass es sofort zum Äußersten kommt.

5) Wie möchten Sie Ihre Hochzeit feiern?
a) Mit einer Schaumparty im Knödelstüberl.
b) Mit einem Auftritt der Zillertaler Schürzenjäger.
c) Ohne Alkohol.
d) Nur mit meinen Verwandten.

6) Was erhoffen Sie sich von der Ehe?
a) Dass mein Partner mich jeden Tag glücklich macht.
b) Dass ich endlich aufhöre, mir andere Frauen / Männer nackt vorzustellen.
c) Dass ich endlich nicht mehr den Müll raustragen muss.
d) Dass ich nicht mehr alleine fernsehen muss.

7) Welche sexuellen Erwartungen haben Sie an die Ehe?
a) Mein / e Partner / in soll meine geheimsten sexuellen Wünsche erfüllen.
b) »In der Woche zwier schadet weder ihm noch ihr.«
c) Sich bei anderen Appetit holen ist erlaubt – gegessen wird zu Hause!
d) Sex? Kenne ich nicht.

8) Wie reagieren Sie, wenn Sie Ihre/n Partner/in bei einem Seitensprung ertappen?
a) Ich lege mich dazu.
b) Ich überlege, wen von beiden ich umbringen soll.
c) Ich mache Fotos und stelle sie ins Netz.
d) Ich nutze die Gelegenheit, selbst fremdzugehen.

9) Wie erklären Sie Ihrem/Ihrer Partner/in, dass Sie doch nicht heiraten wollen?
a) »Mein Liebhaber mag dich nicht.«
b) »Mir ist die Ehe heilig – aber eigentlich bin ich nicht religiös.«
c) »Meine Katze ist allergisch auf dich.«
d) »Bei Scheidungen muss ich immer weinen.«

So zählen Sie Ihre Punkte zusammen:
Für a) erhalten Sie 1 Punkt, für b) 2, für c) 3 und für d) 4 Punkte.
Sie können also mindestens 9 und höchstens 36 Punkte erreichen.

AUFLÖSUNG:

9–15 Punkte:
Sie sind ein/e echte/r Idealist/in, der/die sich von Hindernissen nicht bremsen lässt. Was Sie sich vornehmen, setzen Sie auch in die Tat um. Dabei nehmen Sie keine falsche Rücksicht – wozu auch, das Leben ist kurz genug. Einem Freund oder einer Freundin die Frau bzw. den Mann ausspannen? Kein Problem – schließlich wollte er/sie es doch auch. Ihr zukünftiger Ehepartner wird in Ihnen einen dynamischen, zielstrebigen Gefährten finden, der sich nicht mit Kleinkram aufhält. Herzlichen Glückwunsch: Sie sind der/die ideale Ehekandidat/in!

16–22 Punkte:
Sie können sich hervorragend in andere einfühlen und, wenn nötig, auch mal unterordnen. Mit großer Sensibilität stellen Sie sich auf die Bedürfnisse Ihres Partners ein. Sie gehen jedem Konflikt aus dem Weg, weil Sie nämlich eine richtig feige Socke sind. Ihre Paraderolle ist der Pantoffelheld bzw. das schüchterne Mäuschen. Bevor Sie riskieren, Ihre Meinung zu sagen, essen Sie lieber ein Leben lang die

untere Brötchenhälfte. Herzlichen Glückwunsch: Sie sind der/die ideale Ehekandidat/in!

23–29 Punkte:
Sie sind kreativ, phantasievoll und spontan. Mit Ihnen wird es nie langweilig. Sie vergessen Verabredungen und verlieren auch mal unersetzliche Dokumente, die Ihnen nicht gehören, aber das bringt Spannung ins Leben. Natürlich kann es vorkommen, dass Sie Ihrem/r Partner/in eine Affäre unterstellen, die er/sie gar nicht hat, und vielleicht beschließen Sie auch nach zwei Ehejahren, eine Surfschule auf den Bahamas zu eröffnen – allein. Doch mit Ihrem unwiderstehlichen Charme schaffen Sie es immer wieder, dass Ihnen niemand böse sein kann. Herzlichen Glückwunsch: Sie sind der/die ideale Ehekandidat/in!

30–36 Punkte:
Sie sind zuverlässig, sorgfältig und kritisch. Ihnen schwatzt keiner ein Zeitungsabonnement oder eine Versicherung auf, die Sie nicht haben wollen. Im Zusammenleben mit Ihnen ist man vor Überraschungen gefeit, denn Sie sind so ungefähr der/die größte Langweiler/in, den/die man sich vorstellen kann. Ihr Ehepartner weiß genau, wann er/sie eine/n Geliebte/n empfangen kann – Sie würden nie zu einer anderen als der gewohnten Uhrzeit nach Hause kommen. Herzlichen Glückwunsch: Sie sind der/die ideale Ehekandidat/in!

»Der ideale Ehemann ist ein unbestätigtes Gerücht.«
Brigitte Bardot

 **Einfarbiges Zebra gesucht**

Hat Brigitte Bardot recht? Oder gibt es ihn doch, den idealen Ehemann? Und wenn ja, wie wäre er? Die Lektüre einschlägiger Anzeigen oder Internetseiten ergibt ein überraschend einheitliches Bild. Offenbar wollen so ziemlich alle Frauen das Gleiche: Schlank soll er sein, gut aussehend, humorvoll und zärtlich. Treu wäre auch nicht schlecht. Und wenn wohlsituiert auch noch ginge …?

Das ist eine ganze Menge, finde ich. Wenn ich versuche, mich zu erinnern, wie viele Männer ich in meinem Leben kennengelernt habe, auf die all diese Eigenschaften zutreffen, nebst einem Mindestmaß an Intelligenz und Bildung, das ja auch nicht schaden kann, komme ich genau auf …

Also, mit viel Mühe und gutem Willen auf …

Na ja, eigentlich nur auf …

Einen. Meinen Mann. Aber der ist ja nun schon verheiratet, und ich lege Wert darauf, dass dies so bleibt. Also, Mädels, Finger weg. Auch wenn ihr bei eurer Suche feststellen werdet, dass ideale Ehemänner ungefähr so rar sind wie einfarbige Zebras.

Wenn man mit Frauen spricht, werden die Wunschvorstellungen nämlich noch ausgefeilter. Die oben aufgeführten Qualitäten entsprechen erst mal nur den Minimalanforderungen an den idealen Ehemann. Weiterhin sollte er Erfolg im Beruf haben, sensibel sein, gut zuhören können, einen guten Geschmack haben, handwerklich begabt und sportlich sein, kochen können, bei der Hausarbeit mithelfen und – ganz wichtig – kinderlieb sein und sich vorstellen können, selbst Kinder zu haben, denen er natürlich ein ganz großartiger Vater sein will.

Puuuh! Wir nähern uns der Quadratur des Kreises. Dabei ist das immer noch nicht alles, denn natürlich soll unser Ideal-Kandidat außerdem ein begnadeter Liebhaber sein, romantisch, erotisch, verführerisch, männlich – einfach unwiderstehlich!

Tja, liebe Geschlechtsgenossinnen, sieht so aus, als müsstet ihr euch diese Männer selbst backen oder stricken. Dieses Anforderungsprofil ist für einen Normalsterblichen kaum zu erfüllen, zumal einige der gewünschten Eigenschaften sich auch noch widersprechen. Viele Frauen wollen nämlich einerseits Männer, die durchsetzungsfähig sind und Karriere machen, wünschen sich aber gleichzeitig einen sensiblen Gesprächspartner und zärtlichen Kuschler – eine äußerst seltene Kombination. Und viele Frauen – wenn sie dann verheiratet sind – beklagen sich gern über ihre Doppelbelastung durch Beruf und Familie, finden aber Männer, die sich eine Schürze umbinden und Hausarbeit machen, unsexy.

Wer einem wirklich leidtun kann, sind die Männer. Die wissen buchstäblich nicht mehr, ob sie Männlein oder Weiblein sind bzw. sein sollen, und was sie auch tun – irgendwas machen sie immer falsch.

Früher war klar, wie ein Mann zu sein hat. Er war Ernährer, Herr im Haus, Patriarch. Er hielt sich nicht mit gefühligem Weiberkram auf, sondern tat, was zu tun war, und bewegte sich dabei die meiste Zeit unter seinesgleichen. Die Gesellschaft war aufgeteilt in eine Männer- und eine Frauenwelt. Alles war einfach und übersichtlich.

Mit der Frauenbewegung setzte die bekannte Auflösung der traditionellen Rollenbilder ein, die notwendig und wünschenswert war, aber auch zu einiger Verunsicherung führte. Denn die

Forderung der Frauen ist einfach, aber umfassend: Sie wollen die Hälfte der Welt!

Also: Kinder *und* Karriere, Mode *und* Macht, Zepter *und* Zaster. Alles, was Männer bisher ausschließlich für sich beansprucht haben, verlangen die Frauen nun auch für sich. Kein Wunder, dass viele Männer überfordert sind und sich mit letzter Kraft an die Schalthebel der Macht klammern. »Die Zukunft ist weiblich«, schallt es ihnen von allen Seiten entgegen, und während sie im Job von immer mehr Frauen umzingelt werden, läuft ihnen ihre eigene weg.

Männer stecken in einer Identitätskrise, die bereits auf die nächste und übernächste Generation übergreift: Schon die Kleinen wissen nicht mehr, ob sie mit Barbie oder Traktor spielen sollen – moderne Mütter arbeiten daran, in der frühkindlichen Erziehung die Geschlechtsunterschiede zu verwischen oder wenigstens nicht zu betonen – Gender Mainstreaming im Kinderzimmer.

Ob's wirklich daran liegt, ist schwer zu sagen, aber heute sind eindeutig Jungen die Problemgruppe: Sie zeigen oft ein auffälliges Sozialverhalten und werden in der Schule von schlaueren Mädchen überrundet, die ihnen später Studienplätze und Praktika wegschnappen. Und bevor sie mit ihrer ersten Bewerbung fertig sind, haben die Mädchen schon einen Arbeitsplatz und starten durch, um bald darauf Chefin zu sein – vielleicht sogar ihre.

Und mitten in dieser komplizierten, neuen Gefechtslage im Geschlechterkampf sollen die armen Kerle ideale Ehemänner und bald darauf ideale Väter abgeben, was wiederum mit einer Menge neuer, ungewohnter Forderungen einhergeht.

So wollen viele Frauen, dass ihre Männer sie zur Schwangerschaftsgymnastik begleiten. Ich kann mir nicht vorstellen, dass man als Mann darauf Lust hat, trotzdem habe auch ich in meinen Vorbereitungskursen eifrige werdende Väter erlebt, die angestrengt versuchten, in ihre Gebärmutter zu atmen.

Die Frage, ob sie bei der Geburt ihres Kindes dabei sein sollen, stürzt viele Männer in Konflikte, obwohl die meisten das nicht zugeben würden. Eigentlich ist es heutzutage für einen Mann gar nicht mehr möglich, n i c h t dabei zu sein – er wäre auf ewig als schlechter Ehemann und Rabenvater gebrandmarkt. Dabei gäbe es Gründe, sich das gut zu überlegen – für Männer wie für Frauen.

Eine Geburt ist eine ziemlich heftige Angelegenheit. Die Gebärende windet sich in Schmerzen, viele schreien, es fließt Blut, und das Geräusch eines Dammschnittes nebst anschließendem Vernähen ist auch nicht ohne. Auf zartbesaitete Männer kann das alles einen ziemlich verstörenden Eindruck machen, und man muss sich fragen, ob es Sinn hat, einen Mann, der Angst oder Abscheu davor hat, zur Teilnahme an diesem Spektakel zu nötigen. Mir haben Männer gestanden, sie hätten jahrelang Probleme gehabt, mit ihren Frauen zu schlafen, nachdem sie das miterlebt hatten.

Männer, die während der Geburt schwächeln und womöglich mehr ärztlichen Beistand brauchen als die Gebärende, sind auch nicht gerade eine Hilfe. Ich hörte von einem Fall, bei dem der Mann in Ohnmacht fiel und sich eine schwere Kopfwunde zuzog. Während er genäht wurde, brachte seine Frau das Kind ohne Hilfe zur Welt. Spätestens dann wünscht man sich als werdende Mutter, es wäre wieder wie früher, als die Männer rauchend auf dem Flur auf und ab gingen, und die Gebärende in Ruhe schreien, pressen und fluchen konnte, bis das Kind da war. Nach der Geburt wurde dem stolzen Vater einmal kurz das gewaschene und gewickelte Baby gezeigt, worauf er sich zu seinen Kumpels in die Kneipe begab, um sich zur Feier des Tages volllaufen zu lassen.

Nicht, dass ich es nicht grundsätzlich großartig fände, wenn Männer die Ankunft ihres Kindes miterleben! Viele sind ja auch ganz tolle und entspannte Geburtshelfer, die ihren Frauen eine echte Unterstützung sind. Aber nur die, die wirklich wollen und es sich zutrauen, sollten mit in den Kreißsaal gehen.

Auch mein Mann hat mich bei beiden Geburten begleitet, mich treppauf und treppab geführt (um die Wehentätigkeit anzuregen), mir das Kreuzbein massiert, sich während der Presswehen von mir anschreien und die Finger verbiegen lassen, sich beim zweiten Kind meine Beschimpfungen (»Wie konntest du mir das noch mal antun???«) angehört, und war beide Male zu Tränen gerührt, als er sein Kind zum ersten Mal im Arm hielt. (Außer einer verlorenen Fußball-WM ist die Geburt eines Kindes übrigens der einzige Anlass, bei dem Männer weinen dürfen, ohne uncool zu sein!)

Ich fand es wunderschön, dass er dabei war, aber ich hätte es ihm auch nicht verübelt, wenn er es nicht geschafft hätte und rauchend auf dem Flur auf und ab gegangen wäre. Das wäre mir allemal lieber gewesen, als einen traumatisierten Ehemann mit nach Haus zu nehmen.

Zurück zum Anforderungsprofil: Die einzige Chance, den idealen Ehemann zu finden, ist, nicht nach ihm zu suchen. Wir alle haben unsere Stärken und Schwächen, unsere Defekte und Neurosen – wichtig ist nur, dass sie mit denen des Partners harmonieren. Wir sollten unsere Anstrengungen also nicht darauf richten, den idealen Mann zu finden, sondern einen passenden. Und den sollten wir möglichst so lassen, wie er ist.

Von der Schauspielerin Michèle Morgan stammt der Ausspruch, dass wir Frauen die Hälfte unserer Eheprobleme nicht hätten, wenn wir begreifen würden, dass man Ehemänner nicht erziehen kann (umgekehrt trifft das übrigens auch zu). Aber genau das versuchen viele Frauen: Aus ihrem Mann den Mann ihrer Träume zu formen. Das funktioniert genauso wenig wie die Sache mit den zu kleinen Schuhen: Egal wie schick sie sind, man sollte sie nicht kaufen. Sie werden auch durchs Tragen nicht passend – man kriegt nur Blasen an den Füßen.

Natürlich gibt es Verhaltensschwächen, an denen man arbeiten kann. Wenn jemand mit vollem Mund redet, seine Sachen in der ganzen Wohnung herumfliegen lässt oder ständig vergisst, das Licht im Bad auszumachen, kann man ihn freundlich da-

rum bitten, das zu ändern. Wenn man genügend Geduld aufbringt, kann es sogar sein, dass man Erfolg hat. Niemals aber wird man aus einem introvertierten Schöngeist einen kommunikativen Partylöwen machen oder aus einem gemütlichen Dickerchen eine Sportskanone. Diese Bemühungen kann man sich sparen, sie sind mit absoluter Sicherheit zum Scheitern verurteilt. Merkwürdig, dass es noch immer Frauen gibt, die es trotzdem versuchen.

Auch ich habe anfangs einen gewissen gestalterischen Ehrgeiz an meinem Mann ausgelebt. So verbannte ich eine Reihe von Kleidungsstücken (darunter das Sakko, in dem ich ihn kennengelernt habe) aus seinem Kleiderschrank und bat um die Abschaffung der Werner-Lorant-Frisur. Ich assistierte ihm beim Kleidungskauf, wofür er ausgesprochen dankbar war, weil er – wie die meisten Männer – Einkaufen hasst. Weitergehende Eingriffe erlaubte ich mir nicht. Dafür beobachtete ich ihn genau (Testphase!), um herauszufinden, ob ich mit seinen Eigenschaften und Eigenheiten würde leben können. Manches fand ich befremdlich, so seine Versuche, mit dem Rauchen aufzuhören, die darin bestanden, dass er seine Zigaretten aus dem Fenster warf, um sie eine halbe Stunde später aus einer Pfütze zu fischen und einzeln auf dem Toaster zu trocknen.

Seine Auffassung vom Kochen fand ich ebenfalls ziemlich eigenwillig: Als er mich das erste Mal zu sich nach Hause zum Essen einlud, öffnete er eine Dose Nasi Goreng und würzte sie mittels Tomatenmark und Oregano zum italienischen Risotto um.

Auch sein Musikgeschmack entspricht meinem nicht; er hatte (und hat) eine Schwäche für Alte-Säcke-Musik aus der Steinzeit der Rockgeschichte, deren Protagonisten heute zwischen siebzig und achtzig sind.

Nach zwanzig Jahren habe ich noch weitere Eigenheiten an ihm entdeckt: So schließt er immer Türen und Schränke ab (damit die Einbrecher nicht reinkommen), und versteckt die Schlüssel dann so gut, dass er sie nach dem Urlaub nicht wiederfindet. Er kontrolliert jedes Mal vor Verlassen des Hauses, ob alle Lichter gelöscht sind, und beschuldigt uns ständig, wir würden Strom verschwenden (was stimmt). Er fährt gerne Stunden vor dem Abflug zum Flughafen (falls unterwegs ein Stau ist), und hört dabei ununterbrochen Nachrichten und Verkehrsfunk, weil er Sorge hat, etwas zu verpassen. Er fragt mich immer, wie warm oder kalt es draußen ist, statt mal eben selbst vor die Tür zu gehen – später beschuldigt er mich, er sei völlig falsch angezogen gewesen.

Das alles nervt natürlich, aber letztlich finde ich es unerheblich. Wichtig finde ich, dass wir über alles reden können, uns gegenseitig absolut vertrauen, meistens die gleichen Bücher, Filme und Menschen mögen, über vieles – auch über uns selbst – lachen können, die gleiche Auffassung von Kindererziehung haben und davon, was wirklich wichtig ist im Leben.

Natürlich streiten wir, gehen uns abwechselnd auf die Nerven und fragen uns manchmal, ob der andere wirklich der ideale Ehepartner ist. Aber dann erinnern wir uns daran, dass wir bisher eine ziemlich gute Zeit miteinander hatten, obwohl wir beide nicht perfekt sind. Und beschließen dann großmütig, dem anderen noch eine Chance zu geben.

Aşk başa gelirse akıl baştan çıkar – wenn die Liebe kommt, geht der Verstand!

Aus dem Türkischen

 **»Ich wäre gern verheiratet!«**

Interview mit der Schriftstellerin und Journalistin Hatice Akyün (43), die in Anatolien zur Welt kam, in Duisburg aufwuchs und nun mit ihrer Tochter in Berlin lebt. Bekannt wurde sie durch ihre Bücher »Einmal Hans in scharfer Soße« und »Ali zum Dessert«, durch Artikel für den SPIEGEL und EMMA und ihre wöchentliche Kolumne im Berliner Tagesspiegel. Wir wollten von ihr wissen, wie Leben und Lieben zwischen zwei Kulturen funktioniert.

Frau Akyün, Sie stammen aus einer türkischen Familie. Was bedeutet Ihnen die Ehe?

Heiraten ist in der türkischen Gesellschaft etwas sehr Elementares, denn eine Eheschließung bedeutet nicht nur, dass sich Mann und Frau vereinen, sondern es ist auch eine Verbindung zweier Familien. Deshalb ist es wichtig, dass auch sie sich verstehen. Manchmal würden ein Mann und eine Frau gerne heiraten, aber es geht nicht, weil ihre Familien seit dreißig Jahren miteinander verkracht sind. Aber es kann auch umgekehrt sein, dass eine

Frau einen Mann nehmen muss, obwohl sie ihn nicht will, weil die Familien sich so gut verstehen. Wobei ich sagen muss, dass dies eher die Ausnahmen sind.

Sie sind als einzige Ihrer Geschwister nicht verheiratet. Warum?

Hauptsächlich, weil ich dachte, ich müsste mich entscheiden: entweder für das Heiraten oder die Karriere. Ich hätte bisher dreimal heiraten können, aber ich habe dreimal abgelehnt. Beim ersten Mal war ich einfach noch zu jung und ich habe mich gefragt: Ist er das jetzt? Ist das die große Liebe? Heute denke ich, er wär's gewesen, aber vielleicht ist das auch eine Idealisierung. Das zweite Mal war es zehn Jahre später, da war ich 31, der Mann war Beamter und beruflich für immer an einen Ort gebunden. Ich hatte ganz andere Pläne, startete gerade als Societyreporterin durch, sah mich schon über rote Teppiche schreiten und heiraten passte gerade überhaupt nicht in mein aufregendes Jetsetleben. Heute denke ich, ich war damals ganz schön abgehoben. Der dritte Antrag kam vom Vater meiner Tochter. Wir haben bereits zusammengelebt, aber es ist eben nicht gut gegangen. Er ist sehr konservativ und es gab viele Dinge, die im Alltag einfach nicht zusammenpassten. Obwohl die Trennungen immer von mir ausgingen, wünsche ich mir manchmal, dass es irgendwann doch noch einmal klappt mit dem Heiraten.

Haben Sie schon als Kind vom Heiraten geträumt?

Natürlich! Ich habe damals ja oft diese türkischen Hochzeiten erlebt, bei denen es wahnsinnig pompös zugeht. Die Leute verschulden sich haushoch, um für diesen einen Tag einen bleibenden Eindruck zu hinterlassen. Es ist ihnen wichtig, dass man noch Jahre davon erzählt, wie prachtvoll die Hochzeit war, auch wenn sich das Paar schon längst wieder getrennt hat. Die Hochzeiten meiner Schwestern zum Beispiel haben sicher jede um die

30 000 Mark gekostet. Es gehört einfach dazu, zu protzen. Als Brautpaar bekommt man aber auch eine Menge Geldscheine und Goldstücke geschenkt, die der Braut an das Kleid gehängt werden. Das sind eher die »kleinen« Geschenke. Zusätzlich bekommt das Brautpaar große Geschenke von den engsten Familienmitgliedern, zum Beispiel den Schwiegereltern. Dutzende Armreifen und Ketten aus purem Gold, 500-Euro-Scheine, Wohnungseinrichtungen. Als Kind fand ich das sehr erstrebenswert. Später eher kitschig und albern, aber vor allem unverständlich, dass sich Familien so sehr in Schulden stürzen.

Kann man als junge türkische Frau auch unverheiratet mit einem Mann zusammenleben, oder gibt das automatisch Probleme mit der Familie?

Türkischen Eltern geht es immer nur um eine einzige Frage: Wann heiratet ihr? Sie sehen in der Freundin oder dem Freund sofort die zukünftige Ehefrau oder den Ehemann. Wenn man also beschließt, seinen Partner mit nach Hause zu bringen, kommt das einer Entscheidung gleich. Und die ist endgültig. Das ist der Grund, warum die meisten türkischen Frauen und Männer ihre Partner vor ihren Familien zunächst einmal geheim halten. Es ist oft so, dass die Eltern Bescheid wissen, aber nicht darüber geredet wird. Das geschieht erst, wenn die Beziehung offiziell gemacht wird. Ich hatte mit Anfang zwanzig einen Freund, mit dem ich auch zusammengelebt habe. Meine Eltern wussten das, haben aber nichts gesagt. Natürlich konnte ich ihn nicht mit nach Hause bringen, denn das hätte bedeutet, dass wir bald heiraten würden.

Haben Ihre Eltern erwartet, dass Sie einen türkischen Mann heiraten, oder hätte es auch ein Deutscher sein dürfen?

Je älter ich wurde, desto toleranter wurde mein Vater bezüglich seines Wunschschwiegersohns. Die »Heiratsgespräche« mit meinem Vater begannen immer mit dem gleichen Satz: »Wie alt bist du jetzt eigentlich?« Als hätte er das nicht gewusst! Als ich noch studierte, sagte er: »Nur Türke und Moslem, was anderes kommt mir nicht ins Haus!« Als ich Mitte zwanzig war, sagte er: »Hauptsache, er hat unsere Religion.« Und mit dreißig sagte er: »Allah liebt alle Menschen, egal, welcher Herkunft sie sind!« Danach bot er mir an, wieder zu Hause einzuziehen. Ich hätte einen Eskimo mit nach Hause bringen können, und er wäre glücklich gewesen.

Wie reagiert Ihre Verwandtschaft in der Türkei darauf, dass Sie unverheiratet sind?

Sie finden es eigenartig, aber auch bewundernswert. Meine uralte, anatolische Großmutter, die mit 14 verheiratet wurde, acht Kinder zur Welt gebracht hat und nicht lesen und schreiben kann, nahm mich oft zur Seite und flüsterte mir ins Ohr: »Lass dir bloß nicht einreden, dass du heiraten sollst! Schau mich an, was aus mir geworden ist!«

Ihre Eltern haben nie versucht, Sie unter die Haube zu bringen?

Als ich mit 17 Jahren in der Türkei war, meldete sich eine Familie zu einem Besuch an. Mein Vater schmunzelte schon, und ich begriff natürlich, worum es bei dem Besuch ging. Meine Schwestern machten ihre Witze: »Gut, dass er dich nicht kennt, sonst würde der dich sowieso nicht wollen«. Und mein Bruder sagte: »Nimm ihn, du wirst nie wieder eine Chance auf einen anderen bekommen!« Ich brachte – wie es Tradition ist – das Tablett mit dem Mokka und setze mich einfach dazu. Das war ein Schock für alle, aber besonders für den Jungen. Das Handanhalten ist in der türkischen Gesellschaft sehr ernst, aber wir haben uns einen Spaß daraus gemacht, sogar mein Vater! Er sagte zu dem Jungen: »Du kannst sie gleich mitnehmen, wenn du willst. Aber ich glaube nicht, dass sie mitgehen wird, meine Tochter ist stur wie ein Esel.«

Ihr Vater hat also akzeptiert, dass er Sie nicht zu einer Heirat zwingen könnte?

Zwang war bei uns zu Hause nie eine Lösung. Das hat auch mit der Geschichte meines Vaters zu tun. Als junger Mann war er in Hamide verliebt, ein Mädchen aus seinem Dorf. Er durfte sie nicht heiraten, weil ihre Familie das nicht erlaubte. Sie wurde einem anderen, reichen Mann versprochen. Mein Vater und Hamide haben daraufhin beschlossen, dass er sie entführt. Als sie sich trafen, um die Entführung zu besprechen, war sie schon mit dem schweren Brautgold des neuen Mannes behängt – es war zu spät. Hamide war die große Liebe meines Vaters. Deshalb sagte er zu seinen vier Töchtern immer: Heiratet nur, wen ihr wirklich liebt.

Haben Ihre Eltern sich inzwischen damit abgefunden, dass Sie unverheiratet sind?

Ja, denn ich habe jetzt ein Kind. Es geht ihnen doch gar nicht darum, dass ich einen Ehemann habe, der mich ernähren muss, sondern um die emotionale Absicherung. Es geht darum, dass man mit einem Ehemann eine Familie gründen kann. Wenn ich manchmal erwähne, dass ich eigentlich gerne verheiratet wäre, dann sagt meine Mutter: »Heiraten? Aber wofür denn? Du hast doch jetzt ein Kind!« Die haben eine unglaubliche kulturelle Anpassungsleistung vollbracht, dafür bewundere ich sie.

Denken Sie, Ihr Leben wäre einfacher, wenn Sie verheiratet wären?

Ich bin jetzt 42 und manchmal liege ich nachts wach und kann vor Sorge nicht schlafen. Ständig diese Unsicherheit! Ich bin freie Autorin, habe also keine feste Anstellung und kaum in die Rentenkasse eingezahlt. Ich muss mich und meine Tochter ernähren, wobei wenigstens sie im Notfall durch ihren Vater abgesichert wäre. Aber dann ärgere ich mich gleichzeitig über meine Unsicherheit, dass ich seit 25 Jahren auf eigenen Füßen stehe und so gekämpft habe, und plötzlich Panik bekomme. Dann denke ich: Bist du bescheuert? Willst du dir jetzt einen wohlhabenden Mann suchen, nur damit du abgesichert bist?

Worin besteht für Sie der Unterschied zwischen einem Zusammenleben ohne Trauschein und der Ehe?

Bei Türken herrscht die Vorstellung, dass erst die Ehe das Zusammenleben vollkommen macht. Sie fühlen sich, solange sie nicht verheiratet sind, auch nicht gebunden oder verpflichtet. Erst die Eheschließung beendet den Zustand der Unverbindlichkeit.

Wir spüren bei Ihnen eine merkwürdige Ambivalenz, ein Hin-und-hergerissen-Sein.

Natürlich ist es wunderbar, zwei Kulturen in sich zu tragen. Aber man kann nicht zwei Leben gleichzeitig leben, deshalb empfinde ich auch eine gewisse Zerrissenheit. Ich wurde von meinen türkischen Eltern konservativ erzogen, und gleichzeitig in Deutschland sozialisiert. Meine Lehrerin, eine Alt-68erin, die niemals verheiratet war, hat mich sehr geprägt. Ich habe zwei komplett unterschiedliche Lebensmodelle vermittelt bekommen, die ich nun irgendwie zusammenbringen muss.

Welches Modell wirkt stärker?

Das wechselt. Und das ist das Anstrengende.

Und beim Thema Ehe ist es offenbar besonders schwierig, sich für eines zu entscheiden?

Ja, weil ich immer wieder schwanke, denn es spricht ja für beide Modelle einiges. Von meinen Eltern habe ich ein traditionelles Bild der Ehe vermittelt bekommen. Meine Lehrerin, die ein wichtiges Vorbild für mich war, hat mir aber gezeigt, dass man als Frau nicht verheiratet sein muss, um glücklich zu sein. Gleichberechtigung ist für mich ein hoher Wert, dieses Denken spielt eine große Rolle bei mir. Ich kann mich nicht mehr zurücklehnen und denken, bei uns Türken gibt es nun einmal die starken Unterschiede zwischen Mann und Frau. Ich lebe als alleinerziehende Mutter und emanzipierte Frau, die ohne den romantischen Kitsch auskommt. Und dann passiert es eben doch manchmal, dass ich im Bett liege und bete: »Bitte, lieber Gott, schick mir endlich den richtigen Mann, ich verspreche auch, dass ich diesmal alles dafür tun werde, dass es klappt.« Das ist einfach nicht sachlich!

»Ehe man eigene Kinder hat, hat man nicht die geringste Vorstellung davon, welches Ausmaß die eigene Stärke, Liebe oder Erschöpfung annehmen kann.«

Peter Gallagher

Eltern werden ist nicht schwer, Familie sein dagegen sehr

Wie sehr ich mir Kinder wünschte, war mir offenbar selbst nicht bewusst. Peter behauptet, ich hätte ihn bereits bei unserer ersten Verabredung gefragt, ob er sich vorstellen könnte, eine Familie zu gründen. Und zwar innerhalb der ersten fünf Minuten, noch bevor ich beim Kellner etwas zu trinken bestellt hatte. Ich bin zwar zielstrebig, wenn ich mir etwas vorgenommen habe, aber das erscheint mir dann doch übertrieben. Bis die Getränke serviert waren, habe ich sicher gewartet.

Ja, ich hatte es eilig. Meine biologische Uhr tickte, und ich hatte nicht die Absicht, mich weiter mit Männern aufzuhalten, die an dieser Thematik grundsätzlich kein Interesse zeigen. Peter signalisierte Bereitschaft, aber da wir uns gerade erst kennengelernt hatten, verging dann doch noch etwas Zeit, bis wir zur Tat schritten. Als wir ein Dreivierteljahr zusammen waren, setzte ich – natürlich mit seinem Wissen – die Pille ab und wartete gespannt, was passieren würde. Es passierte … nichts. Zwei Monate, drei Monate. Ich wurde nervös und fing bereits an, mich über künstliche Befruchtung zu informieren – da wurde ich schwanger. Und bekam sofort Panik. Genau wie vor der Hochzeit.

Bahnbrechende Veränderungen scheinen nicht so mein Ding zu sein. Immer, wenn sich in meinem Leben fundamental Neues zuträgt, erschrecke ich erst mal furchtbar und würde es am liebsten ungeschehen machen. Aber sobald ich mir ausgemalt habe, welch unabsehbare Folgen diese Veränderung mit sich bringen und was alles Schreckliches passieren könnte, kurz: wenn ich mich so richtig schön verrückt gemacht habe, dann setzt eine Art resignativer Entspannung ein, und ich ergebe mich meinem Schicksal. Im Fall der Schwangerschaft fing ich überdies bald an, mich ungläubig und unbändig zu freuen.

Der Erste, der davon erfuhr, war übrigens nicht mein Verlobter, sondern mein Bruder Nico, mit dem ich damals die Wohnung teilte. Ich zeigte ihm das Plastikstäbchen des Schwangerschaftstests mit dem rosafarbenen Streifen, der das positive Testergebnis anzeigt. Er warf einen Blick darauf. »Rosa? Heißt das, du kriegst ein Mädchen?«

Nico wurde sofort ein großartiger Schwangerschaftsbegleiter. Wenn ich seltsame Gelüste hatte, fuhr er mitten in der Nacht zur Tankstelle, besorgte Erdnüsse, Maoam-Kaubonbons oder Messino-Kekse, und aß sie gemeinsam mit mir auf. Jeden Monat machten wir ein Foto von unseren Bäuchen – bis zum siebten Monat wuchs seiner gleichmäßig mit. Und natürlich wurde er schließlich Patenonkel von dem rosa Streifen, der sich dann doch als Junge entpuppte.

Da stand ich also, mit dem Plastikstäbchen in der Hand, und war wie vom Donner gerührt. Ich hatte mir eine Schwangerschaft so sehr gewünscht, aber nun, als es so weit war, fühlte es sich beunruhigend an. Plötzlich bekam ich Angst vor Peters Reaktion. Was, wenn er einen Rückzieher machte? Wenn er feststellte, dass er doch noch nicht so weit war, dass ihm alles viel zu schnell ging?

Als er an diesem Abend zu mir kam, nahm ich all meinen Mut zusammen und platzte heraus: »Herzlichen Glückwunsch, du wirst Vater!« Und erlebte einen der seltenen Momente, in denen es Peter die Sprache verschlug. In seinen Augen schimmerte es feucht, er nahm mich in den Arm und drückte mich überschwänglich an sich. Da wusste ich, dass ich keine Angst haben musste.

Ich erspare Ihnen die Details meiner Schwangerschaft, obwohl wir Frauen es lieben, darüber zu sprechen. Über die morgendliche Übelkeit, die Müdigkeitsanfälle, die unerklärliche Lust auf Joghurt oder Coca-Cola. Darüber, wie nah man am Wasser gebaut ist, und wie einen schon ein Geige spielendes Nachbarskind zum Schluchzen bringt. In die Zeit meiner Schwangerschaft fiel der Unfalltod von Caroline von Monacos erstem Mann, Stefano Casiraghi – ich weinte tagelang darüber. Mir tat Caroline so furchtbar leid. Einige Zeit danach fand der erste Irakkrieg unter Bush senior statt und löste bei mir die Gewissheit aus, dass die Welt dem Untergang geweiht war. Die Welt, in die ich in wenigen Monaten ein Kind setzen sollte!

In meiner Verzweiflung beschloss ich, mich als erstes von meinem Mann zu trennen. Wir waren gerade ein paar Wochen verheiratet, da erschien mir schon alles sinnlos. Peter begriff nicht so ganz, was der Irakkrieg mit unserer Ehe zu tun hatte, verhielt sich aber sehr verständnisvoll. Er war damals für einige Wochen in der Schweiz, um an einem Drehbuch zu arbeiten, aber anstatt sich darüber freuen zu können, dass er frisch verheiratet war und zu Hause seine Frau auf ihn wartete, musste er ebendiese Frau am Telefon davon abhalten, die Scheidung einzureichen.

Die Welt ging dann doch nicht unter, die Ehe hielt, und unser Sohn wurde geboren. Die Details der Geburt erspare ich Ihnen ebenfalls, obwohl wir Frauen darüber noch lieber sprechen als über die Schwangerschaft! Über die ersten Anzeichen, die sich als falscher Alarm entpuppen. Wie man aus der Klinik wieder nach Hause geschickt wird, und – kaum dort angekommen – die Wehen einsetzen. Wie man kaum noch kriechen kann und der Mann mit quietschenden Reifen erneut losfährt – mitten hinein in eine Radarfalle! Wie man dem Polizisten erklärt, dass man kurz vor den Presswehen ist, und dieser einen erschrocken weiterfahren lässt …

»Schrecken, Verdruss und überhaupt alle unverhofften Vorfälle haben einen so ausgemachten Einfluss auf schwangere Personen, dass man jeden Stein des Anstoßes aus dem Wege schaffen muss. Die Natur selbst hat also die Weiber zum Regieren unfähig erklärt.«

Theodor Gottlieb von Hippel,
Über die Ehe, 1774–1793

Von mir nur so viel: Nach zahllosen Schauergeschichten, die ich über Geburten gehört hatte, erzählte mir unsere Freundin Monika eines Tages, sie habe die Geburten ihrer drei Kinder wie überdimensionale Orgasmen erlebt, großartig und überwältigend. Ich beschloss, dieser vielversprechenden Schilderung zu glauben und alles andere zu vergessen. Ohne die Zum-ersten-Mal-Schwangeren unter Ihnen demoralisieren zu wollen: Vergessen Sie's! Mit Monikas Orgasmen kann irgendwas nicht stimmen. Eine Geburt hat mit einem Orgasmus so viel zu tun, wie eine Fahrt in der Geisterbahn mit einem Strandspaziergang.

Kaum waren nach Beginn der Wehen sechsunddreißig Stunden vergangen, schon hielt ich mein erstes Kind im Arm. Anders, als ich es mir vorgestellt hatte, wurde ich nicht von heftigen Emotionen überschwemmt, ich weinte nicht einmal. Ich war so erschöpft, dass ich kaum mehr etwas fühlte, außer einem leichten Staunen über dieses Wesen, das anscheinend aus einem anderen Universum zu mir gekommen war und aussah wie eine Kreuzung aus E. T. und einer Schildkröte. Peter ließ seinen Tränen freien Lauf, was ich dem Moment als durchaus angemessen empfand. Einer muss ja schließlich weinen.

Ein Kind schlägt ein wie eine Bombe und wirbelt die beschauliche Zweisamkeit eines jungen Paares völlig durcheinander. Alles ist plötzlich neu und anders. Mit einem Mal hat man die Verantwortung für ein Lebewesen, das zwar außerhalb von einem selbst existiert, mit diesem Selbst aber untrennbar verbunden ist. Und dieses Lebewesen legt äußerst eigenwillige Verhaltensweisen an den Tag. Es hat ständig Hunger, schreit ohne Grund und widerlegt mühelos die Behauptung, kleine Kinder würden die meiste Zeit schlafen.

Als mir klar wurde, dass mit der Geburt nicht die größte Anstrengung geschafft war, sondern die meiste Mühe noch vor mir lag, bedauerte ich kurz, mit meinem Mann nicht zuvor noch eine Weltreise gemacht oder einige unbeschwerte Jahre verbracht zu haben. Warum hatte ich es bloß so eilig gehabt, meine Freiheit loszuwerden und mich in die Sklaverei der Mutterschaft zu begeben?

Denn um nichts anderes handelt es sich. Tag und Nacht ist man in der Hand eines kleinen Tyrannen, der rücksichtslos seine Bedürfnisse artikuliert und obendrein jedes Recht hat, deren Erfüllung einzufordern. Dem einzigen brauchbaren Buch, das ich zu diesem Thema las (Barbara Sichtermann: »Leben mit einem Neugeborenen«), entnahm ich die Empfehlung, sich dieser Sklaverei am besten zu beugen und sich für eine gewisse Zeit als Butler des Babys zu betrachten. Als ich diese Rolle einmal akzeptiert hatte, ging es mir tatsächlich besser.

In diesen ersten Wochen entscheidet sich oft schon, welche Beziehung der Vater zu seinem Kind aufbauen kann. Viele Mütter reißen alles, was mit dem Baby zu tun hat, an sich, anstatt den Vater einzubeziehen und um Unterstützung zu bitten. Ein großer Fehler, denn bei dieser Rollenverteilung bleibt es meistens. Viel besser ist es, dem Vater einen Teil der Verantwortung zu überlassen.

So gewöhnte ich mich bald daran, dass mein Mann dem Baby grundsätzlich die Strampler falsch herum anzog, oft in Kombination mit zwei verschiedenfarbigen Söckchen. Einmal hatte mein Sohn einen aufgemalten Schnurrbart im Gesicht, der ihm das Aussehen des Politikers Peter Gauweiler verlieh, ein anderes Mal fand ich die Babywippe mit dem schlafenden Kind vor der laufenden Waschmaschine. Nichts davon hat dem Kleinen geschadet, aber der Beziehung zwischen Vater und Sohn waren diese Phasen der Zweisamkeit sicher sehr zuträglich. Und für mich war es eine große Entlastung, dass Peter in der Lage war, das Kind unfallfrei zu versorgen.

Ähnlich wie auf einer Abenteuerreise lernt man den Partner in dieser Situation noch mal besser kennen. Die Grundzüge der Persönlichkeit kommen verstärkt zum Vorschein. So war ich als notorische Perfektionistin zu Beginn mit dem Baby zwar fürsorglich und liebevoll, aber auch gestresst und unter dem ständigen Druck, alles richtig machen zu wollen. Peter war viel entspannter und eher neugierig darauf, was für Erfahrungen auf ihn warteten.

Wenn wir mit dem Kind das Haus verließen, packte ich den halben Hausstand ein, um für alle Eventualitäten gerüstet zu sein, während Peter fand, eine Ersatzwindel und der Schnuller wären Ausrüstung genug. Wenn Leo wegen seiner Drei-Monats-Koliken nicht zu schreien aufhörte, und ich kurz davor war, mit ihm ins Krankenhaus zu fahren, griff Peter sich den Kleinen, nahm ihn in die »Flieger«-Position und lief mit ihm in der Wohnung auf und ab, bis er einschlief.

In diesen (und unzähligen anderen) Momenten danke ich dem Himmel dafür, nicht alleinerziehend zu sein. Peter und ich sind als Eltern sicher nicht perfekt, aber jeder von uns gleicht gewisse Defizite des anderen aus, und so ergeben wir gemeinsam ein ziemlich gutes Team. Wenn einer an seine Grenzen kommt, ist der andere da. Und wenn's Probleme gibt, können wir uns austauschen und darüber diskutieren, welches die beste Lösung ist. Seit ich weiß, wie anstrengend Kinder sein können, weiß ich, was Alleinerziehende leisten!

Unmerklich wuchsen wir in diesen ersten Wochen und Monaten vom Paar mit Baby zu einer Familie zusammen. Unsere anfängliche Aufregung ließ nach, die Abläufe spielten sich ein, wir hatten das Gefühl, unsere neuen Rollen als Mutter und Vater immer besser auszufüllen. Wir schliefen zu wenig, gingen so gut wie nie ins Kino oder zu Einladungen – unser Leben drehte sich fast ausschließlich um den Säugling. Aber allmählich fing es an, richtig Spaß zu machen. Leo begann zu lächeln, zu reagieren und aktiv zu kommunizieren. Jeden Tag staunten wir von Neuem über den kleinen Kerl und hatten unglaublich viel zu lachen.

Und weil's so schön war, dauerte es nicht lange und wir wünschten uns ein zweites Kind. Diesmal wurde ich sofort schwanger, aber beim Ultraschall wiegte der Arzt bedenklich den Kopf und sagte, mit dem Embryo stimme etwas nicht, ich müsse damit rechnen, dass er abginge. Ich klammerte mich an die Hoffnung, dass auch ein Experte sich irren kann, aber er behielt recht.

Ich war gerade in Köln, um *stern tv* vorzubereiten (damals sprang ich für Günther Jauch ein, wenn der krank oder im Urlaub war), da passierte es. Zwischen zwei Redaktionsbesprechungen fuhr ich in die Frauenklinik. Man sagte mir, ich solle unbedingt dableiben und mich behandeln lassen, andernfalls drohe eine lebensgefährliche Sturzblutung. Ich erklärte, ich müsse am Abend eine Livesendung moderieren und sei daher nicht abkömmlich. Der Arzt schüttelte ungläubig den Kopf und ließ mich unterschreiben, dass ich für alle Folgen dieser Entscheidung selbst verantwortlich sei.

Für die Sendung bastelte ich mir eine Art Windelpaket, mit dem ich die Sturzblutung aufhalten wollte. Ich erinnere mich an kein Thema dieser Folge von *stern tv* und auch nur noch an einen der Gäste, den Schauspieler Dirk Bach. Ich saß ihm gegenüber und hoffte, dass er zu den Menschen gehört, die größere Mengen Blut sehen können, ohne dass ihnen schlecht wird. Keine Sekunde dachte ich daran, dass es ziemlich unvernünftig war, mein Leben für eine Fernsehsendung zu riskieren. Aber während meiner achtundzwanzig Jahre als Moderatorin habe ich keine Sendung abgesagt, egal in welchem Zustand ich mich befand. The show must go on.

Es ging gut, und am nächsten Morgen flog ich sogar noch nach München. Peter holte mich ab und raste mit mir ins Krankenhaus. Alle schimpften furchtbar mit mir, wie leichtsinnig ich gewesen sei. Und mir kam erst in diesem Moment zu Bewusstsein, was passiert war: Ich hatte mein Kind verloren.

Bis heute denke ich an dieses ungeborene Kind. Ob es ein Junge oder ein Mädchen war? Was für ein Mensch es geworden wäre? Noch immer fühle ich Trauer über all die ungelebten Möglichkeiten, die mit dem winzigen Embryo gestorben sind.

Ein Jahr später kam unsere Tochter Paulina zur Welt. Als ich ihr vor Kurzem diese Geschichte erzählte (sie ist jetzt achtzehn), sah sie mich an und sagte: »Sei nicht traurig. Wenn das nicht passiert wäre, gäbe es mich nicht.«

Ich weiß nicht, wie ich meine Empfindungen beschreiben soll, ohne in diese sentimentale Mutterglücksrhetorik zu verfallen, die ich überhaupt nicht leiden kann. Viele Frauen haben den Wunsch nach Mutterschaft nicht und sind trotzdem glücklich und zufrieden. Deshalb finde ich die Behauptung, Kinder zu bekommen sei die natürliche oder gar alleinige Bestimmung einer Frau, absurd.

Ich habe mir immer eine Familie gewünscht und bin dankbar, dass es geklappt hat. Mein Mann und meine Kinder sind das größte Glück meines Lebens – aber nicht mein einziges. Auch mein Beruf bedeutet mir viel, deshalb habe ich immer darum gekämpft, beides zu verbinden. Hätte ich keinen Job, wären meine Kinder zu bedauern: Den ganzen Tag ginge ihnen eine überfürsorgliche Gluckenmutter auf die Nerven und würde ihren Perfektionszwang an ihnen ausleben. Ohne Kinder hingegen wäre ich zu bedauern, denn ich hätte niemals erlebt, wie es sich anfühlt, wenn morgens ein schlafwarmes Kleinkind ins Ehebett gekrabbelt kommt oder man vor Stolz platzt, weil der Siebenjährige sein erstes Tor geschossen hat.

Als junges Mädchen hatte ich Momente, in denen ich mich so einsam fühlte, dass ich nicht mehr leben wollte. Ich dachte, dass es außer meinen Eltern und meinen Brüdern vielleicht niemals jemanden geben würde, dem ich wirklich etwas bedeute. Dass mein Leben keinen Sinn hätte, weil niemand mich brauchte oder vermissen würde, wenn ich nicht mehr da wäre. Meine Kinder geben mir das Gefühl, gebraucht zu werden. Und wenn ich eines Tages nicht mehr da bin, ist es wenigstens nicht so, als wäre ich niemals da gewesen.

Auch wir als Ehepaar haben uns durch die Kinder verändert und entwickelt. Sie sind unser wichtigstes gemeinsames Projekt. Peter als Vater zu erleben, zu sehen, mit wie viel Liebe, Einfühlungsvermögen und Engagement er sich um die beiden sorgt, ließ meine Liebe zu ihm in all den Jahren weiter wachsen.

Natürlich haben uns die Kinder erschöpft, genervt und zeitweilig an unsere Grenzen gebracht. Wir haben uns – trotz grundsätzlicher Einigkeit – immer wieder heftig über Erziehung gezofft. Es gab Zeiten, in denen wir über die Behauptung, Kinder seien der Kitt einer Ehe, nur hohnlachen konnten. Mehrfach haben wir überlegt, wie wir die Kinder aufteilen sollen, wenn wir uns scheiden lassen. Denn die Wahrheit ist: Kinder sind der beste Grund zusammenzubleiben, aber auch ein hinreichender Grund, sich zu trennen. Dass wir es geschafft haben, uns (nicht nur, aber auch) ihnen zuliebe durch alle Krisen hindurchzukämpfen und nicht aufzugeben, ist vielleicht unser größter Erfolg.

Das Problem mit Kindern ist, dass sie nur ganz selten in der richtigen Dosierung zu haben sind. Anfangs hat man sie rund um die Uhr, das ist super anstrengend, und man verpasst mehr oder weniger alles andere. In der Kindergarten- und Schulzeit fordern sie einen ebenfalls noch ganz schön, aber man beginnt zu ahnen, wie angenehm ein Leben ohne Kinder sein könnte. Jahrelang träumt man davon, wie es einmal sein wird, wenn man wieder richtig viel Zeit für sich selbst hat, wieder reisen, ins Kino gehen oder einfach abends spontan ausgehen kann. Und plötzlich, ohne dass man es richtig bemerkt, ist diese Zeit gekommen. Die Kinder gehen ihrer Wege und ziehen das Zusammensein mit Freunden Unternehmungen mit der Familie vor. Und dann wünscht man sich plötzlich, die Zeit zurückdrehen zu können.

Jetzt, da unser Sohn aus dem Haus ist, und unsere Tochter im Begriff, ihm zu folgen, blicken wir oft mit Wehmut zurück. Zu Anfang kommt es einem vor, als würde die Zeit mit den Kindern sich endlos vor einem ausdehnen. Wenn man gleich darauf den achtzehnten Geburtstag des ersten Kindes feiert, weiß man, dass man sich getäuscht hat. Deshalb gibt es an dieser Stelle einen von wenigen Ratschlägen in diesem Buch: Genießen Sie die gemeinsame Zeit mit Ihren Kindern, sie ist viel kürzer als Sie glauben!

Szenen einer Ehe 1

Er: Also, gestern bei der Party, da …
Sie: Das hast du schon erzählt.
Er: Was?
Sie: Na, von der Party gestern.
Er: Du weißt doch gar nicht, was genau ich dir erzählen will.
Sie: Doch.
Er: Und was?
Sie: Dass du gestern auf der Party eine Frau getroffen hast, in die du vor zwanzig Jahren verliebt warst.
Er: Nein.
Sie: Hast du aber gesagt.
Er: Ich war in sie verliebt, aber das wollte ich nicht erzählen.
Sie: Das behauptest du jetzt.
Er: Nein.
Sie: Doch. Weil du mich erziehen willst.
Er: Erziehen?
Sie: Ja, weil ich dich angeblich immer unterbreche.
Er: Stimmt ja auch.
Sie: Aber nur, wenn ich weiß, was du gleich sagen wirst.
Er: Oder glaubst, dass du es weißt.
Sie: Also, was wolltest du denn erzählen, wenn nicht von der Frau, in die du vor zwanzig Jahren verliebt warst?
Er: Wenn ich immer unterbrochen werde, habe ich keine Lust mehr.
Sie: Ach komm, du hast gemerkt, dass du dich wiederholst, und jetzt machst du mir ein schlechtes Gewissen.
Er: Ich wiederhole mich nie.
Sie: Aha. Und wann warst du wirklich in diese Frau verliebt?
Er: Keine Ahnung.
Sie: Vor zwanzig oder vor zwei Jahren?
Er: Wichtig ist, dass ich jetzt nicht mehr in sie verliebt bin, oder?
Sie: Vor zwei Monaten?
Er: Ich habe mich gestern echt gewundert, was ich an der gefunden habe …

Sie: Das sagst du nur, um mich zu beruhigen.
Er: Seit wann bist du beunruhigt, wenn ich auf Partys mit Frauen rede?
Sie: Bin ich ja gar nicht. Ich bin völlig frei von Eifersucht.
Er: Ach ja?
Sie: Solange du mir keinen Grund gibst.
Er: …
Sie: Was wolltest du mir denn von dieser Frau erzählen?
Er: Verdammt! Ich wollte dir gar nichts von ihr erzählen!
Sie: Interessant. Hast du was zu verbergen?
Er: Nein, es gibt nur einfach nichts zu erzählen.
Sie: Und dann wunderst du dich, wenn ich beunruhigt bin?

»Jeder Idiot kann eine Krise bewältigen. Es ist der Alltag, der uns fertig macht.«

Anton Tschechow

Pupsidylle oder Sonntagsbeziehung?

Als mein Mann und ich zusammenzogen, ging es uns wie den meisten Paaren in dieser Situation: Wir hatten fast alles doppelt. Zwei Waschmaschinen, zwei Staubsauger, zwei Wasserkocher, zwei Fernsehapparate. Wenn es sich um technisches Gerät handelt, kann man nach der Devise verfahren: Das neuere oder bessere Gerät bleibt, das andere wird verkauft oder verschenkt. Sobald aber Gegenstände ins Spiel kommen, die einen sentimentalen Wert haben, wird es schwierig. Ich besaß beispielsweise noch ein paar Tassen aus dem Jahr, in dem ich meine erste eigene Wohnung bezogen hatte. Zugegeben, sie waren ein bisschen angeschlagen, die Glasur war verblasst und hatte abgeplatzte Stellen, aber ich hing an diesen Tassen. Glücklicherweise war Peter klug genug, keinen Widerstand gegen ihre Aufnahme in den gemeinsamen Haushalt zu leisten.

Als ich jedoch begann, einen Kasten auseinanderzuschrauben, den mir vor Jahren ein ehemaliger Liebhaber gebaut hatte, und in dem ich mein Bettzeug aufbewahrte, meldete er Protest an. Dieses Ding komme ihm nicht ins Haus.

Ich war erstaunt. »Du bist eifersüchtig auf eine Holzkiste?«

Peter sagte, er sei nicht eifersüchtig, außerdem sei diese Kiste keineswegs aus Holz, sondern aus Spanplatten, und würde wahrscheinlich giftige Dämpfe absondern. Ich schluckte. Er hatte recht, aber sie war sooo praktisch. Und es hingen Erinnerungen daran …

Und so ging es weiter. Peters uralter Plattenspieler – keinerlei Funktion, da wir beide CD-Player besaßen – aber hoher Erinnerungswert. Amelies uralte Küchenmaschine – keinerlei sentimentaler Wert, aber da Peter keine hatte, musste sie mit. Zwei Schuhregale, das eine selbstgebaut, aber hässlich, das andere annehmbar, aber von IKEA. Welten prallten aufeinander. Schlägt selbstgebaut auf jeden Fall industrielle Fertigung, oder siegt Ästhetik über Ideologie? Und was heißt überhaupt »hässlich«? Form follows function, ein Schuhregal, das seiner Funktion gerecht wird, kann gar nicht hässlich sein! Doch, kann es wohl!

Jeder Gegenstand wurde einer genauen Prüfung unterzogen und wir bemühten uns beide um Großzügigkeit. Als wir bei den von Peters Exfreundinnen gestrickten Pullovern angekommen waren, trat ich in Streik. Diese Pullis waren schlimmer als giftige Dämpfe. Peter wollte sie trotzdem nicht wegwerfen. Ich tat so, als lenkte ich ein. Bei der nächsten Gelegenheit ließ ich sie verschwinden. Er hat nie mehr nach ihnen gefragt.

Ich erzähle hier übrigens von einer Zeit, in der Peter und ich schon verheiratet waren, und unser Sohn unterwegs war. In den ersten Monaten unserer Ehe lebten wir nämlich noch nicht zusammen; ich teilte immer noch die Wohnung mit meinem Bruder, Peter hatte seine Junggesellenbude ein paar Straßen weiter. Erst, als Leo geboren wurde, tauschten wir: Mein Bruder nahm Peters Wohnung, mein Mann zog zu mir.

Eine Ehe ist – sofern der Mann nicht gerade eine Pipeline in Russland baut oder die Frau von Montag bis Freitag in einer anderen Stadt arbeitet – vor allem eine Wohngemeinschaft. So, wie man jeden Aspiranten für ein freies WG-Zimmer genau unter die Lupe nimmt, sollte man auch diesen zukünftigen Mitbewohner einem Tauglichkeitstest unterziehen. Ich denke da an die TV-Sendung *Zimmer frei* im WDR, in der Götz Alsmann und Christine Westermann prominenten Gästen so gründlich auf den Zahn fühlen, dass man hinterher genau weiß, ob man mit ihnen zusammenwohnen möchte. Sowas sollte es auch für Leute geben, die heiraten wollen! Wenn zwei Menschen sich lieben, heißt das nämlich noch lange nicht, dass sie auch als WG-Genossen kompatibel sind. Gegensätze ziehen sich zwar häufig an und sorgen für eine prickelnde Beziehungsatmosphäre, aber im Alltag können manche Unterschiede extrem nervend sein. Strukturierte und organisierte Menschen fühlen sich oft zu Personen hingezogen, die spontan und unberechenbar sind – wahrscheinlich, weil sie spüren, dass diese Wesenszüge bei ihnen unterentwickelt sind, und ihnen dadurch einiges entgeht. Leider sind die Sprunghaften oft auch vergesslich und unordentlich, was die Strukturierten schnell in den Wahnsinn treibt. Wenn der Partner hundertmal den Hausschlüssel verschlampt, den Backofen eingeschaltet und den Hund ungefüttert lässt, weil ihm gerade ein alter Freund vorgeschlagen hat, sich gleich auf ein Bier zu treffen, kann man schon mal an die Grenzen seiner Geduld kommen. Umgekehrt neigen die spontanen Lebenskünstler dazu, den ordnungsliebenden Partner als kleinkariert und spießig zu empfinden – und meist dauert es nicht lange, bis sie das lautstark äußern. Dann ist man schnell in eine der endlosen Diskussionen verwickelt, die niemals zu einer Lösung führen, weil beide eben so sind, wie sie sind und sich voraussichtlich auch nicht ändern werden. Besser sollte man sich darauf konzentrieren, herauszufinden, ob man sich gegenseitig erträgt. Tag für Tag, Monat für Monat, Jahr für Jahr, auch unter Extrembedingungen.

Hierfür empfiehlt sich eine Urlaubsreise: Eine Camping-Radwanderung bei Dauerregen durch Brandenburg, eine Wüstendurchquerung auf dem Kamel oder zwei Wochen in Gesellschaft des Legionellen-Erregers bringen da schon einigen Aufschluss.

Falls später Kinder gewünscht sind, rate ich zu einem Aufenthalt in einem Ferienclub. Dort bekommt man einen Vorgeschmack auf das, was einem bevorsteht, sobald man selbst Kinderbesitzer ist: ständige nächtliche Störungen, Mahlzeiten bei höchster Lautstärke und der Zwang, Spiele zu spielen, bei denen man sich als Erwachsener wie ein Idiot fühlt.

Wenn man die Hürden der Haushaltsverschmelzung genommen und die gemeinsame Wohnung zur beiderseitigen Zufriedenheit eingerichtet hat, beginnt das Zusammenleben, ein niemals endendes Ringen um die richtige Balance zwischen Nähe und Distanz. Zunächst heißt das, die Präsenz des anderen mit all ihren Auswirkungen zu tolerieren. Von Bartstoppeln im Waschbecken über herumliegende Unterwäsche bis zur Warzentinktur auf der Ablage hinterlassen Menschen Spuren, die einem anderen unangenehm sein können – auch, wenn er der Ehepartner ist. Manche Frauen finden es schrecklich, dass ihr Mann morgens die Zeitung mit aufs Klo nimmt und dort liegenlässt, manche Männer genieren sich vor Gästen, wenn im Bad Tamponschachteln herumliegen. Es sind scheinbar banale Fragen wie: »Darf mein Mann mich mit Gurkenmaske sehen?«, oder »Möchte ich dabei sein, wenn er sich die Zehennägel schneidet?«, die wichtige Weichen für die Zukunft stellen. Denn sind bestimmte Distanzen erst einmal unterschritten, wird es immer schwieriger, die eigene Intimsphäre zu wahren.

   Bevor ich mit einem Mann zusammenlebte, pflegte ich zu verkünden, ich wolle niemals in einer »Pupsidylle« leben, in der man so eng aufeinander hockt, dass man sämtliche optischen, akustischen und olfaktorischen Lebensäußerungen des anderen mitbekäme. Stattdessen wolle ich mich meinem Partner immer nur gepflegt und gut gelaunt, sozusagen in sonntäglicher Verfassung, präsentieren, und dasselbe erwarte ich auch von ihm.

   Inzwischen habe ich eingesehen, dass man mit solch hohen Ansprüchen für ein Zusammenleben ungeeignet ist. Denn das ist im Wesentlichen dadurch geprägt, dass jeder Lebensäußerungen von sich gibt, und auf Dauer ist es nicht zu vermeiden, dass diese vom Partner wahrgenommen werden. Der erste gemeinsam durchgestandene Brechdurchfall stärkt die Beziehung, senkt aber die Intimitätsschwelle beträchtlich. Wer das nicht erträgt, nimmt sich besser zwei Wohnungen. Und die am besten in zwei verschiedenen Städten.

Wenn das nicht geht, wären schon zwei Badezimmer nicht schlecht, aber auch die sind in Wohnungen üblicher Größe nicht vorgesehen. Es hilft also nichts. Wer keine Fernbeziehung führen will, muss lernen, Nähe auszuhalten. Wobei für den einen schon das gleichzeitige Zähneputzen eine Grenzüberschreitung darstellt, während der andere sich nicht mal scheut, in Anwesenheit des Partners die Toilette zu benutzen.

Ich zum Beispiel schätze es, allein im Badezimmer zu sein. Mein Mann liebt es, unter irgendeinem Vorwand hereinzukommen, wenn ich unter der Dusche stehe. Eigentlich bin ich jedes Mal sauer. Wenn ich dann aber sehe, mit welch erfreutem Blick er mich betrachtet, verfliegt mein Ärger und ich bin glücklich, dass es jemanden gibt, in dessen Augen ich offenbar schön und begehrenswert bin. Und dass dieser Jemand mein Mann ist.

So ein Zusammenleben ist wie ein Tanz. Am Anfang eher ein Balztanz, im Laufe der Zeit oft auch ein Affentanz. Beiden Partnern wird ein Höchstmaß an Geduld abverlangt, denn natürlich zeigt jeder Mensch Verhaltensweisen, die den anderen stören oder befremden. Ich zum Beispiel reiße ständig Schränke, Schubladen und Türen auf und vergesse, sie wieder zu schließen. Oft beginne ich, etwas zu tun, werde abgelenkt, breche ab und vergesse schließlich, was ich eigentlich tun wollte. Ich verliere ständig Sachen und beschuldige andere, sie verschlampt oder gestohlen zu haben. Ich bin oft vorschnell und impulsiv, reagiere heftig und dadurch ungerecht. Diese Liste ließe sich beliebig verlängern, und die meines Mannes ist zumindest genauso lang.

Er lässt zum Beispiel immer seine getragenen Socken zu Bo-

»In der Ehe muss man einen unaufhörlichen Kampf gegen ein Ungeheuer führen, das alles verschlingt: die Gewohnheit.«

Honoré de Balzac

den fallen und legt seine nassen Handtücher aufs Bett. Und obwohl die Müllentsorgung sein Job ist, lässt er den Zeitungsstapel immer höher werden, bis ich ihn schließlich zur Papiertonne schleppe. Wenn im Haushalt etwas kaputtgeht, versucht er immer, die Schuld auf mich zu schieben. Und er warnt mich ständig davor, irgendwas zu tun, das so schwachsinnig ist, dass ich nicht mal auf den Gedanken käme. Dass mein Mann mir solche Dinge zutraut, zeigt meiner Meinung nach, dass er mich für bescheuert hält. Seiner Meinung nach beweist es nur seine liebevolle Fürsorge.

Das klingt nach lächerlichen Kleinigkeiten, aber gerade die können zum Sprengstoff werden. Deshalb muss man beim Tanzen gut auf seine Schritte achten. Dass man nicht zu dominant wird, zu weit ins Territorium des anderen eindringt, oder ihm sogar auf die Füße tritt.

Gefährlicher als jeder Streit ist aber auf Dauer die Routine. Irgendwann sind die Tage perfekt durchorganisiert, man richtet sich ein in seinen Gewohnheiten, die altbewährten Abläufe werden ständig wiederholt. Das ist ungemein beruhigend, aber man muss höllisch aufpassen, dass die Geborgenheit sich nicht in etwas verwandelt, das einen erstickt, und dass aus nützlicher Routine nicht tödliche Langeweile wird. Deshalb versuche ich, das Alltägliche ganz bewusst wahrzunehmen und als etwas Besonderes zu betrachten.

Ich liebe das Zusammenleben mit meinem Mann (trotz seiner Fehler), ich mag gerade den Alltag, die Rituale, die kleinen Reibereien, unsere Gewohnheiten und Ticks. Wir sind als Tänzer gut eingespielt, bewegen uns, ohne groß darüber nachzudenken, intuitiv und weitgehend mühelos. Wenn der andere für ein paar Tage weg ist, kommen wir bestens alleine zurecht, freuen uns aber jedes Mal, wenn wir wieder zusammen sind. Wir halten Nähe gut aus.

Wir können uns aber beide vorstellen, dass es Paare gibt, die sich nicht weniger lieben als wir, genau diese Alltagsroutine aber unerträglich finden, und für die es besser wäre, getrennt zu wohnen. Manche Dauerkrise ließe sich dadurch vielleicht entschärfen, und die Partner wären glücklicher als in der Zwangssymbiose unter einem Dach. Sollte also der Tauglichkeitstest à la *Zimmer frei* ergeben, dass man besser zwei Staubsauger behält, dann: Nur Mut!

Nirgendwo steht geschrieben, dass Eheleute unter einem Dach leben müssen. Manchmal reicht es, ein bisschen älter und reifer zu werden, und schon werden Dinge möglich, die man sich kurz zuvor noch nicht hatte vorstellen können. Und wenn nicht, dann eben nicht. Die Ehe mag für sich genommen konventionell sein – die Art, wie ein Paar sie führt, kann sehr individuell sein.

Erst, wenn Kinder ins Spiel kommen, sieht die Sache wieder anders aus – aber das ist ohnehin ein Kapitel für sich (siehe S. 68).

»Eheleute, die sich lieben, sagen sich tausend Dinge, ohne zu sprechen.«

Chinesisches Sprichwort

Die Gedanken sind frei

Ich war immer schon ein leidenschaftlicher Erzähler und habe die Menschen gern mit Geschichten über andere und mich unterhalten. Geheimnisse betrachtete ich lange nur als Mittel zur Spannungssteigerung. Sie mussten dramaturgisch geschickt enthüllt werden – sie für mich zu behalten, erschien mir traurig und sinnlos. Hatte ich mal zu jemandem Vertrauen gefasst, ließ ich ihn oder sie jederzeit einen Blick in meine Seele werfen. Leider habe ich damit nicht nur gute Erfahrungen gemacht. Mit den Jahren lernte ich sogar, dass ich, vor allem wenn Liebe im Spiel ist, manches Geheimnis besser für mich behalten sollte.

Gabi zum Beispiel. Wir hatten uns gerade lange geküsst und waren noch völlig außer Atem. Da fragte sie: »Was denkst du jetzt?« Ich war noch sehr unschuldig, schrieb noch Gedichte und sagte: »Ich denke, dass deine Haare ein Wald sind, in dem ich mich gern verirren würde.« Gabi seufzte vor Glück, nahm meinen Kopf in ihre Hände und begann mich erneut zu küssen. Meine Antwort war also eine gute Antwort gewesen. Leider hatte ich gelogen und das belastete mich als braven katholischen Buben während der nächsten Tage. Als ich Gabi wieder zum Küssen besuchte und sie mich nach einer sehr langen Mundverschmelzung erneut nach meinen Gedanken fragte, sagte ich die Wahrheit: »Ich habe mir überlegt, wie lange wir uns wohl noch küssen müssen, bis ich dich endlich anfassen darf.« Diesmal rückte Gabi von mir weg und sagte: »Du bist also auch nicht anders als die anderen.« Meine Antwort war eine schlechte Antwort gewesen – dachte ich. Erst später begriff ich, dass der Fehler nicht bei mir, sondern bei Gabi gelegen hatte. Wie konnte sie davon ausgehen, dass ein Mensch, noch dazu ein Mann, in jedem Augenblick ihr angenehme Gedanken dachte? Selbst in den innigsten Momenten überfallen uns doch völlig unpoetische Banalitäten. *Mist, ich muss auf die Toilette* oder *Hoffentlich sieht sie in zwanzig Jahren nicht aus wie ihre Mutter.*

Die Frage nach den geheimen Gedanken des anderen ist zumindest riskant und man sollte sich gut überlegen, ob man einer ehrlichen Antwort gewachsen ist. Wenig Sinn hat es, wenn der befragte Mann mit einem entschiedenen »Darüber möchte ich jetzt nicht reden« antwortet. Die Frauen, die ich kennengelernt habe, würden nicht lockerlassen und einen so zwingen, sich doch wieder eine Lüge auszudenken.

Ein paar Jahre später – ich war schon fast ein Mann und als Lehrer an einem Gymnasium in Rom beschäftigt – war ich in einer Beziehung, einer Fernbeziehung mit Susi. Wir hatten uns zahllose Briefe geschrieben und einander sehr vermisst. Nun war der langersehnte Moment des Wiedersehens da. Susi roch nach dem Nachtzug aus München, der immer drei Stunden Verspätung hatte, war durstig und hungrig. Aber es gab ja die Bar an der Ecke, wo ich Tramezzini und »Nastro azzurro«-Bier holen konnte. Leider verwickelte der Barmann mich in ein Gespräch über Sartre – das war damals nicht unüblich in Rom – und es dauerte ein wenig länger, bis ich in meine Wohnung zurückkehrte. Susi hatte sich in der Zwischenzeit mit ihrem Gürtel am Fenstergriff aufgehängt. Ihr Gesicht war dunkelrot, sie japste. Ich hängte Susi ab und fragte, was los sei. »Du liebst mich nicht mehr«, sagte sie mit gequetschter Stimme. Ich trat ans Fenster und überlegte, wie ich

»In dem Maße, wie die Liebe in dir wächst, wächst auch deine Schönheit; denn die Liebe ist die Schönheit der Seele.«

Aurelius Augustinus

ihr das Gegenteil beweisen sollte. Vor mir lag das Kolosseum in seiner ganzen brüchigen Pracht – der beste Ausblick, den ich je gehabt habe – hinter mir schluchzte Susi. Als ich mich umdrehte, sah ich, dass sie in meinem Tagebuch las. Sie hatte die Seite aufgeschlagen, auf der ich meine Schülerin Antonietta beschrieb und mir ausmalte, wie es wohl wäre, sie zu verführen. Selbstverständlich verführte ich keine Schülerinnen, obwohl ich erst dreiundzwanzig und nur Hilfslehrer war, und eine solche Handlung im Rom der späten Siebzigerjahre weder die fast volljährige Antonietta, noch irgendjemand anderen gestört hätte. Ich wollte Susi treu bleiben und hatte es trotz mancher Anfechtung bisher geschafft. Aber das bereute ich nun, da sie dreist in meinem Tagebuch las.

»Pia hat Sternenaugen«, zitierte sie mich. »Würdest du es mit der auch gern treiben?« Pia war die Frau meines engsten Freundes in Rom und für mich selbstverständlich tabu. »Und mit Vittoria hast du eine ganze Nacht lang gequatscht.« Das hatte ich tatsächlich, weil Vittoria klug, lustig und eine wunderbare Zuhörerin war. Susi wurde immer wütender und zerriss sogar einige Tagebuchseiten. Ich fragte mich, wie eine Frau, die sich gerade noch hatte erhängen wollen, so aggressiv werden konnte. Am Ende entschied Susi sich für Anna. »Sie ist es«, rief sie, »mit ihr betrügst du mich.« Anna war Deutschprofessorin an meiner Schule und als füllige Überfünfzigjährige weit außerhalb meines Beuteschemas. Trotzdem hatte ich das Gefühl, dass ich besser gestehen sollte, um dem Drama ein Ende zu bereiten. Ich weinte sogar ein paar Tränen über mein schwaches Fleisch. Das beruhigte Susi. Sie nahm mir das Versprechen ab, Anna nie mehr zu sehen, was natürlich unmöglich war, da wir am selben Gymnasium arbeiteten. Außerdem sollte ich mich von Antonietta, Pia und Vittoria fernhalten, was für mich nach dem beruflichen auch das soziale Aus bedeutet hätte. Ich versprach ihr alles. Wir verbrachten noch eine herrliche Woche miteinander, dann kehrte Susi nach München zurück, betrog mich mit meinem ältesten Freund Hans und ich beendete unsere Fernbeziehung.

Ich war zu jedem Abenteuer bereit. Eine neue Liebesgeschichte war für mich der Himmel, eine Trennung die Katastrophe. Ich war in der Ausbildung für die Ehe, was mir natürlich erst später bewusst wurde. Eine meiner letzten Lehrerinnen, bevor ich Amelie kennenlernte, hieß Traudi. Sie war angehende Waldorfpädagogin und verhütete aus Prinzip nicht. Ich wüsste gern, welchem Engel ich dafür danken darf, dass er alle unsere intimen Zusammenkünfte auf Traudis unfruchtbare Tage legte. Heute hat sie sechs Kinder und ich wäre todunglücklich mit ihr, denn Traudi ist in jeder Hinsicht ganzheitlich. Eine Weile hat mich das sehr fasziniert. Ich genoss es, von ihr mit wohlriechenden Ölen, die sie selbst zubereitet hatte, am ganzen Körper massiert zu werden. Ich sah ihr begeistert zu, wenn sie mit frei wippenden Brüsten im Mörser Gewürze zerstampfte und überfraß mich an ihren herzhaften Eintöpfen. Ich wälzte mich mit ihr bei einer Performance erst im Schlamm und hinterher auf einer Leinwand. Unser Werk tauschten wir gegen einen nicht kastrierten Kater, der uns beim Sex zuschaute und mir aus Eifersucht mit ausgefahrenen Krallen vom Schrank auf den Rücken sprang.

Es war eine unglaublich sinnliche, aber auch geistig anspruchsvolle Zeit damals. Wir hörten jeden Tag gemeinsam eine künstlerisch wertvolle Schallplatte und interpretierten sie hinterher mit Hilfe von C. G. Jung. Wir planten, Prousts »Recherche« komplett zu lesen. In Waldorf-Kreisen galten wir als das Traumpaar schlechthin, trotzdem verliebte ich mich auf einer Fahrraddemo in Nina.

Es war der berühmte Blitzschlag, in diesem Fall in Form eines fragenden Blicks aus hellgrünen Augen. Nina war ein sehr zurückhaltender Mensch, mit Mühe gelang es mir, sie zu einem unverfänglichen Treffen, einem Cappuccino im Café Freiheit, zu überreden. Und sogar darauf musste ich neun Tage warten. Neun Tage, in denen Traudi nicht entging, dass mein Magen ihre Eintöpfe nicht mehr vertrug, und ihre Ölmassagen kaum noch zum Ziel führten. Sie spürte, dass etwas mit mir nicht stimmte, und ließ mich keinen Moment unbeobachtet. Trotzdem gelang es mir herauszufinden, dass Nina unglücklich verheiratet war und mich »irgendwie anziehend« gefunden hatte.

Das Treffen im Café rückte unaufhaltsam näher. Ich hatte ständig heiße Ohren und trockene Lippen, meine Finger zitterten wie die eines starken Rauchers unter Nikotinentzug. Ich verfasste Textbausteine für das Gespräch mit Nina und fand alle schrecklich. Dann war der Moment zum Aufbruch da. Ich ging zu Fuß, weil ich mir davon eine beruhigende Wirkung versprach. Mein Weg führte über die Waisenhausstraße zur Landshuter Allee und an dieser entlang bis zur Leonrodstraße. Auf der anderen Seite der breiten Kreuzung lag das Café Freiheit. Wenn Nina pünktlich war, saß sie bereits an einem der Bistrotische. Ich zögerte, ließ zwei Ampelphasen verstreichen und zögerte immer noch. »Ach, Nina«, seufzte ich. Dann bog ich links ab und kehrte nach Hause zurück.

Traudi erwartete mich schon. Sie wedelte mit einem der Dialogentwürfe, die ich für das Gespräch mit Nina geschrieben hatte. Ich gestand sofort und schilderte ihr, wie ich mich im letzten Moment heroisch entschieden hatte, unsere Beziehung nicht aufs Spiel zu setzen. Zu meinem Erstaunen applaudierte Traudi mir nicht, sondern nannte mich einen Verräter. Ich brauchte eine Weile, bis ich begriff, dass Traudis Ganzheitlichkeit das Problem war. Für sie gab es keinen Unterschied zwischen dem Verrat im Geiste und dem in der Wirklichkeit. »Du hast davon geträumt mit Nina zu schlafen, das reicht.«

In den nächsten Wochen und Monaten behandelte Traudi mich, als hätte ich mit Nina Orgien gefeiert. Nie mehr kam die Ölflasche zum Einsatz, auch die Küche blieb kalt. Dann bekam Traudi überraschend das Angebot, an einer Waldorfschule in Sachsen-Anhalt zu unterrichten, wohin ich ihr nicht folgen wollte. Ein halbes Jahr später begannen sie und ein Kollege mit der Zeugung der sechs Kinder.

Als ich schon viele Jahre verheiratet war, schwärmte ich einmal vor Amelie – ohne an die möglichen Folgen zu denken –

von einer Frau, in die ich mich verguckt hatte. Amelie reagierte erstaunlich entspannt. Erst da wurde mir bewusst, dass sie mich nie nach meinen geheimsten Gedanken befragte oder mir nachspionierte. Einen Moment lang war ich fast gekränkt. Hatte sie denn gar keine Angst, mich zu verlieren? »Doch natürlich«, sagte Amelie, »aber ich habe beschlossen, dir zu vertrauen. Wenn irgendetwas passiert, das für mich von Bedeutung ist, werde ich es schon rechtzeitig erfahren.« Sie lächelte hintergründig. »Außerdem weißt du doch, dass mir mit einem Mann, den ich komplett unter Kontrolle habe, schnell langweilig werden würde.«

»Dementsprechend ist aber nicht nur der Geschlechtsverkehr mit einer anderen Ehebruch, sondern auch schon die bloße Begierde, der Wunsch, das Spiel mit der Phantasie. (...) Wir wissen alle, wie sehr solche Untreue im Herzen tatsächlich die eheliche Gemeinschaft stört, je heimlicher sie erfolgt, desto unheimlicher.«

Theodor Bovet, Die Ehe, ihre Krise und Neuwerdung, 1948

»Die Ehe funktioniert am besten, wenn beide Partner ein bisschen unverheiratet bleiben.«

Claudia Cardinale

»Mir fehlt das Eifersuchts-Gen.«

Interview mit Juliette B. (50), Unternehmerin, nicht verheiratet, keine Kinder, die seit zehn Jahren mit einem verheirateten Mann liiert ist. Weder möchte sie, dass ihr Geliebter sich scheiden lässt, noch wünscht sie sich, mit ihm zusammenzuleben. Wir wollten von ihr wissen, warum sie nicht eifersüchtig ist, ob sie manchmal Schuldgefühle hat und was ihr Angst macht.

Juliette, lassen Sie uns über Ihr Verhältnis mit einem verheirateten Mann sprechen.

Gern. Aber es ist kein Verhältnis, sondern eine Liebesgeschichte. Wir feiern gerade das ganze Jahr unser 10-Jähriges.

Dann ist es also auch für ihn eine Liebesgeschichte?

Absolut.

Wie haben Sie sich kennengelernt?

Über einen gemeinsamen Freund. Er hatte mir schon vorher gesagt: Der könnte für dich gefährlich werden.

Was war Ihr erster Eindruck?

Ich habe ihn am Buffet stehen sehen. Er hat mit den Fingern gegessen und ich war fasziniert, wie unglaublich er genießen konnte. Ich habe ihn beobachtet, mehr nicht. Dann hat es ein Dreivierteljahr gedauert, bis wir uns wiedergesehen haben. Ich war eingeladen, in Frankreich. Morgens um halb sieben gehe ich zur Toilette, da sitzt er in der Küche. An dem Tag ist es passiert.

In dem Dreivierteljahr dazwischen hatten Sie keinerlei Kontakt?

Nein, wir haben uns auch nicht darum bemüht.

Wann haben Sie erfahren, dass er verheiratet ist?

Gleich bei der ersten Begegnung.

War das der Grund, dass Sie den Kontakt zu ihm nicht gesucht haben?

Nein, das hätte mich nicht abgehalten. Aber ich bin keine Jägerin. Ich warte lieber, was passiert, und fange erst an zu jagen, wenn der Blitz eingeschlagen hat.

Wusste er, ob Sie gebunden oder ungebunden sind?

Nein.

Hat er versucht, sich darüber zu informieren?

Das weiß ich nicht, aber so wie ich ihn kenne, wäre es ihm egal gewesen.

Die Liebe steht über der Moral?

Ich bin nicht unmoralisch. Ich habe zum Beispiel nie versucht, ihn aus seiner anderen Liebesgeschichte herauszulösen.

Wie? Seine Ehe ist auch eine Liebesgeschichte?

Ja, er gehört zu den wenigen Männern, die zwei Frauen lieben können. Ich mache ihn glücklich und seine Frau auch. Er hat mit jeder von uns eine gute Zeit. Er kann das voneinander trennen, was ich nie schaffen würde. Mich würde es zerreißen.

Ist diese besondere Dreiecksbeziehung für ihn die erste Erfahrung dieser Art?

Ich glaube, er ist sein Leben lang ein Naschkater gewesen, hat aber die wenigsten Frauen, mit denen er zusammen war, wirklich geliebt. Nachdem das mit uns passiert ist, hat er das Naschen sein gelassen. Es reicht ihm, zwei Frauen zu lieben. Eine dritte, vierte wäre selbst für ihn zu viel.

Da sind Sie sich sicher?

Ja.

Und wenn Sie rausfinden würden, dass Sie sich getäuscht haben?

Dann wäre es auch okay.

Sie könnten ihn auch mit einer weiteren Frau teilen?

Ja, solange ich mich geliebt fühle und ihn lieben kann.

Dazu muss man sehr selbstbewusst und selbstständig sein, oder?

Wenn Sie damit meinen, dass ich auch noch ein anderes Leben führe, das nichts mit ihm zu tun hat, stimmt das. Ich war nie eine, die ihr Leben ausschließlich nach einem Mann ausgerichtet hat. Deswegen, glaube ich, funktioniere ich auch als Geliebte so gut. Ich wäre schnell auf und davon, wenn bei mir zu Hause mein Mann auf dem Sofa warten würde. Oder ich auf ihn.

Ihr Geliebter hat, wie es scheint, eine gute Wahl getroffen. Das würde wohl nicht mit vielen Frauen so klappen.

Mit den wenigsten. Ich habe noch einen Vorteil: Mir fehlt das Eifersuchts-Gen. Ich bin nie eifersüchtig.

Ahnt seine Frau etwas von Ihrer Liebschaft?

Das wissen wir nicht.

Könnte es sein, dass sie es toleriert?

Das wäre möglich, ja. Sie spürt vielleicht etwas. Aber sie würde ihn nicht vor eine Entscheidung stellen, weil sie ja wirklich auch von ihm geliebt wird. Die beiden sind seit zwanzig Jahren zusammen und haben zwei Kinder.

Hat sie vielleicht auch ihre Geschichten?

Ja, das könnte ich mir vorstellen. In Frankreich, wo die beiden leben, ist das ja ziemlich normal. Hier in Deutschland hingegen habe ich Freundinnen, die mit so was überhaupt nicht umgehen können. Ich frage sie immer, was ändert das an deiner Liebe, wenn er auch mal mit einer anderen zusammen ist? Sie erklären, es würde ihr Vertrauen zerstören. Das verstehe ich nicht.

Vielleicht, weil Sie die Männer grundsätzlich nicht so durchleuchten wollen?

Genau das ist es. Ich will nicht alles wissen. Ich würde nie eine fremde Brieftasche oder ein Handy kontrollieren. So was ist mir ein Gräuel.

Man schaut also nicht so genau hin und konzentriert sich mehr auf sich selbst?

Ja, und man bohrt nicht im anderen herum. Ich finde diese stundenlangen Beziehungsgespräche schrecklich.

Ist es für Ihren Geliebten nicht ziemlich kompliziert, seine beiden Geschichten rein organisatorisch im Griff zu haben?

(*Lacht*) Ich glaube schon, aber er schafft es immer irgendwie. Es hilft ihm, dass er beruflich viel unterwegs sein muss. Mich würde es sehr stressen, wenn er in derselben Stadt leben würde wie ich, und wir immer Angst vor der Entdeckung haben müssten. Die Stadt, in der er lebt, ist für mich verbotenes Terrain.

Sie reisen ihm auch nicht in die Ferien hinterher?

Nein, ich bin doch nicht verrückt.

Würden Sie mit ihm in einem Bett schlafen, in dem er schon mit seiner Frau geschlafen hat?

Nein. Ich möchte auch nicht das Haus sehen, in dem er wohnt. Das ist seine Welt mit seiner Frau, wie es seine Welt mit mir gibt. Die ersten sechs Jahre habe ich ihn ausschließlich in Hotels getroffen, ich wollte ihn nicht in meine Wohnung lassen. Dann waren mal die Hotels in meiner Stadt ausgebucht und seither kommt er auch zu mir. Das war ein großer Schritt für mich. Ich suche kein eheähnliches Verhältnis. Ich brauche nicht seine Zahnbürste in meinem Bad und seine Klamotten in meinem Schrank.

Wollten Sie nie Kinder?

Nein. Aber das wäre vielleicht anders gekommen, wenn ich im passenden Alter einen Mann getroffen hätte, der unbedingt Kinder hätte haben wollen. Wobei das Ticken der biologischen Uhr bei mir nie besonders laut war.

Dann beneiden Sie die Frau Ihres Geliebten auch nicht darum, dass sie mit ihm Kinder hat?

Nein.

Redet er manchmal schlecht über sie?

Nie.

Schwärmt er von ihr oder ist sie tabu?

Nein, gar nicht. Er erzählt von seinen Kindern oder von Reisen mit seiner Familie. Er zeigt mir auch Urlaubsfotos mit seiner Frau drauf.

Verrät er Ihnen, ob er noch Sex mit ihr hat?

Das weiß ich.

Ist Ihnen das unangenehm?

Nein, wieso?

Verwechselt er seine beiden Frauen manchmal?

Zwei-, dreimal hat er mich mit ihrem Kosenamen angesprochen. Das war ihm sehr peinlich (*lacht*).

Aber Ihnen hat es nichts gemacht?

Ich fand es lustig und halte ihm die Daumen, dass er nicht mal ihr meinen Kosenamen gibt.

Ist es eigentlich das erste Mal, dass Sie Geliebte sind?

Merkwürdigerweise gab es in fast allen meinen Beziehungen irgendwelche anderen Frauen, vorherige noch aktive, oder Parallelgeschichten. Ich war sozusagen nie exklusiv. Aber ich habe lange gebraucht, um zu begreifen, dass das mein Lebensmuster ist. Wobei ich eine Geschichte wie die jetzige, eine zehn Jahre währende, wahnsinnig schöne, aufregende Liebesgeschichte, noch nie erlebt habe.

Aber Sie sind wieder nicht exklusiv. Sehnen Sie sich nicht manchmal danach?

Im Gegenteil. Wenn er morgen seine Frau verließe und hier vor meiner Tür stünde, würde ich Panik kriegen. Das ist nichts für mich. Ich finde mein Leben, wie es ist, toll. Mit meinem Geliebten zusammenzuleben, das würde mich ... ersticken.

Ist das ein Modell für Erfolgsfrauen? Ein Liebhaber in der Ferne, von dem man immer weggehen kann, um sich wieder der Karriere zu widmen?

Das glaube ich nicht. Ich kenne viele erfolgreiche Frauen, die ganz normal verheiratet sind und sogar mit ihrem Mann zusammen arbeiten. Und welche Frau will schon teilen – wie ich?

Wir beide erzählen uns fast jeden Tag von unseren Begegnungen, Gedanken und Gefühlen. Das ist ja in Ihrem Fall nicht so einfach. Fehlt Ihnen da nichts?

Ich kommuniziere in meinem Beruf zehn Stunden am Tag. Da genieße ich es sehr, wenn es einfach mal still ist. Wenn ich einen Rat brauche, frage ich meine Freundinnen. Mit ihnen habe ich langjährige Beziehungen. Es passt vielleicht nicht ins Bild, aber ich bin ein unglaublich treuer Mensch.

Wie oft telefonieren Sie mit Ihrem Geliebten?

Manchmal drei Mal am Tag, dann wieder drei Tage lang nicht.

Was war die längste Zeit, die Sie nichts voneinander gehört haben?

Fünf Tage vielleicht.

Aber es gibt keine wirklich langen Sendepausen? Zum Beispiel, um Unabhängigkeit zu beweisen?

Um Gottes willen. Wenn ich das Bedürfnis habe, seine Stimme zu hören, dann gebe ich dem auch nach.

Sind Sie an typischen Familienfesten manchmal traurig? Weihnachten oder seinen Geburtstag feiert er ja vermutlich mit der Familie?

Aber meine Geburtstage feiere ich immer mit ihm. Seine feiern wir nach. Bei den anderen Festen kann ich drauf verzichten. Ich habe ja Freunde.

Nun dauert Ihre Liebesgeschichte schon ziemlich lang. Wahrscheinlich hat sich trotz der Trennungszeiten inzwischen eine gewisse Routine eingestellt? Oder ist es noch so prickelnd wie zu Anfang?

Wenn wir uns an irgendwelchen Orten treffen, sind wir beide immer voller Vorfreude. Geändert hat sich in den zehn Jahren höchstens die Nervosität vor einem Wiedersehen. Die Angst, dem anderen könnte irgendetwas nicht gefallen. Und wir haben nicht mehr das Gefühl, ständig zu wenig Zeit und etwas versäumt zu haben. Inzwischen können wir auch ganz gut mal zusammen schweigen.

Ist das denn wirklich eine komplette Liebesgeschichte? Sie treffen sich nicht bloß im Hotel, unterhalten sich nett, essen, haben Sex und sagen dann wieder tschüss?

Nein, wir machen viel mehr zusammen, Reisen, Kultur, Erholung, alles. Wir finden zusammen zur Ruhe. Eine reine Sexaffäre hat mich noch nie interessiert. Mein Herz muss unbedingt mit dabei sein. Und, ich glaube, er hat es inzwischen auch nicht mehr nötig, seine Männlichkeit durch Affären zu bestätigen. Erotik und Sex gehören für uns unbedingt dazu, aber sie sind ganz sicher nicht der ausschließliche Motor.

Was könnte diese Liebesgeschichte gefährden? Was wäre zum Beispiel, wenn seine Kinder davon erfahren würden?

(Lacht) Er hat viele Kinder aus verschiedenen Ehen. Ich glaube nicht, dass das ein Erdbeben auslösen würde. Auch das ist in Frankreich anders als hier. Eine Geliebte gehört irgendwie dazu, deswegen trennt man sich nicht. Ich habe vor etwas anderem Angst. Er ist um einiges älter als ich. Er könnte krank werden und dann nicht mehr reisen. Das würde uns daran hindern, uns

zu sehen, weil ich ja nicht zu ihm fahren kann, in sein Haus. Das fände ich gar nicht lustig.

Haben Sie Angst vor dem Alter?

Ich weiß nicht. Daran denke ich nicht.

Irgendwann werden Sie vielleicht allein sein.

Allein? Nein, sicher nicht. Ich bin eingebettet in einen warmen, engen, seit ewigen Zeiten bestehenden Freundeskreis. Ein Begriff wie Einsamkeit kommt in meinem Denken nicht vor. Das kenne ich nicht. Ich habe mir einen Beruf und ein Leben ausgesucht, in dem ich gar nicht einsam sein kann. Und allein bin ich ja ganz gerne.

Ist Ihre Fähigkeit, Geliebte zu sein, eine Begabung?

Ein Geschenk. Ich könnte mir für mich nichts Besseres vorstellen. Und er hat ja auch Glück mit seiner Fähigkeit, zwei Frauen lieben zu können, ohne in Konflikte zu geraten.

Haben Sie in diesen zehn Jahren auch mal Krisen gehabt?

Eine. Ich war selbst in einer schwierigen Lebensphase. Plötzlich fühlte ich mich wie ein Möbelstück. Als ich ihm das gesagt habe, war er bestürzt. Es hat ihn fertig gemacht, dass er nicht gespürt hat, was mit mir los ist. Seither bemüht er sich, mir immer wieder zu zeigen, dass ich in seinem Leben etwas ganz Besonderes bin. Ja, wir sind uns gegenseitig ein großes Geschenk.

Dann können wir Ihnen nur wünschen, dass es so bleibt.

Danke. Wir müssen nur gesund bleiben.

»Natürlich weiß ich, was mich noch aufheitern könnte, Peg!
Aber ich glaube nicht, dass du mich verlassen wirst!«
Al Bundy

Die Haltbarkeit der Ehe – und wie man sie verlängern kann

Ob Eheleute vom Tod oder vom Familienrichter geschieden werden, darauf haben viele Faktoren Einfluss. Wobei nicht jede Ehe, die vor dem Ableben eines der Partner endet, automatisch »gescheitert« ist. Wenn gemeinsame Interessen und Ziele sich verändern, oder die Partner unterschiedliche Entwicklungen durchleben, kann es sein, dass man an einen Punkt gelangt, an dem die Ehe nicht dramatisch unglücklich ist, aber eben auch nicht mehr lebendig und inspirierend. Viele Paare stellen sich dieser Erkenntnis gar nicht, sie lassen es einfach so weiterlaufen. Andere nehmen die Hilfe eines Eheberaters oder Therapeuten in Anspruch, wieder andere beschließen, dass sie sich lieber neu orientieren. Das sind dann die »glücklich Geschiedenen«, die nach dem Scheidungstermin zum Essen gehen und noch mal auf die gemeinsamen Jahre anstoßen. Meist bleiben sie Freunde, schließlich hatten sie eine gute Zeit miteinander und haben sich ohne Groll getrennt.

In der großen Mehrzahl der Fälle läuft es aber nicht so, da ist die Scheidung alles andere als einvernehmlich und mit Schmerz,

Wut und Trauer verbunden. In der Regel verlässt ein Partner den anderen, oder die Situation ist so verfahren, dass beide verzweifelt aufgeben, die Schuld aber meist beim Ehepartner sehen. Eine Scheidung gehört – mit dem Tod eines nahen Angehörigen und dem Verlust des Arbeitsplatzes – zu den traumatischsten Erlebnissen einer Erwachsenenexistenz. Und was sie für Kinder bedeutet, möchte man sich gar nicht vorstellen. Versuche, sich das schönzureden und zu glauben, es gäbe Trennungen, unter denen Kinder nicht leiden, halten wir für Unsinn. Natürlich können Kinder die Folgen einer Scheidung verarbeiten, aber das kann lange dauern und es geht nie ohne Leid und Trauer ab.

Wir haben dieses Drama in den letzten Jahren bei mehreren befreundeten Familien hautnah miterlebt und danken unserem Schöpfer täglich, dass es uns bisher erspart geblieben ist. Vielleicht ist die Tatsache, dass wir noch zusammen sind, (unter anderem) eine Folge dessen, was wir da gesehen haben. Wie Hänsel und Gretel im dunklen Wald klammern wir uns aneinander und schwören, immer artig zu sein, wenn das Unwetter uns nur verschont. Lieber nehmen wir die Schwierigkeiten in Kauf, das Auf und Ab und die Konflikte, als einen solchen Albtraum zu durchleben oder unseren Kindern zuzumuten. (Wobei es zweifellos Ehen gibt, die so albtraumhaft sind, dass sie besser geschieden werden.)

Viele Menschen glauben, das Gelingen einer Ehe sei mehr oder minder Zufall, man müsse eben Glück haben und den richtigen Partner finden. Natürlich kann schon bei der Partnerwahl einiges schiefgehen, aber das ist beileibe nicht der einzige Faktor für das Gelingen oder Misslingen einer Ehe. Angesichts von rund sieben Milliarden Erdbewohnern kann man davon ausgehen, dass es ein paar mehr als einen Kandidaten gibt, mit denen man potenziell glücklich werden könnte. Nur muss man sich bei der traditionellen Form der Ein-Ehe eben für einen entscheiden und versuchen, das Beste daraus zu machen.

Wie das gelingen kann, darüber haben sich Experten der unterschiedlichsten Fachrichtungen Gedanken gemacht, haben ihre Erfahrungen gesammelt und systematisch Studien betrieben. Hier einige der Erkenntnisse, die wir besonders interessant oder einleuchtend finden:

1) Prägung. Eine große Rolle spielt, was für eine Beziehung die eigenen Eltern geführt haben (wenn sie verheiratet waren und/oder zusammengelebt haben). Wer als Kind zufriedene Eltern hatte, die liebevoll und freundlich miteinander umgegangen sind, hat natürlich ein anderes Bild von einer Paarbeziehung als jemand, der ständig Streit und womöglich Gewalt erlebt hat.

Peters Eltern waren ausgesprochen glücklich miteinander, sie waren nicht nur ein Ehepaar, sondern haben als Ärzte auch zusammengearbeitet. Ansonsten war die Rollenverteilung eher traditionell, aber der Vater ist der Mutter zur Hand gegangen und hat sie den drei Söhnen gegenüber in Schutz genommen, wenn die ihre Hausarbeit zu selbstverständlich in Anspruch genommen haben. Die beiden waren dreiundfünfzig Jahre verheiratet und wir würden unsere Hand dafür ins Feuer legen, dass sie sich treu waren. Nachdem seine Frau ihn drei Jahre aufopferungsvoll gepflegt hatte, starb Peters Vater zu Hause in ihren Armen.

Die Beziehung von Amelies Eltern war komplizierter. Dass sie am Tag ihrer Hochzeit sagte: »Wir können uns ja wieder scheiden lassen«, ist kein Zufall, denn genau diesen Vorschlag machte sie ihrer Mutter, als sie elf Jahre alt war. Mit »wir« meinte sie damals sich und ihre Mutter, sie stellte sich vor, dass die Kinder mit geschieden würden. Schließlich würde sie wählen müssen, bei wem sie künftig leben wollte. Als sie anfing, darüber nachzudenken, bekam sie eine Ahnung davon, welche Probleme n a c h einer Scheidung drohen. Wie könnte sie sich für einen von ihnen entscheiden, wo sie doch beide liebte, obwohl ihr Vater oft so abweisend war, und ihre Mutter so leicht gekränkt? Sie versuchte, Argumente zu finden, die ihr eine Entscheidung erleichtern würden. Ihre Mutter kochte toll und war überhaupt viel fürsorglicher, dafür nahm ihr Vater sie mit ins Theater und ließ ihr mehr

Freiheiten. Wenn sie bei ihrer Mutter bliebe, wäre sie weiter mit ihren zwei kleinen Brüdern zusammen, aber dann wäre ihr Vater ganz alleine. Für einen Augenblick erschien ihr die Aussicht, ohne ihre lästigen Brüder, allein mit ihrem Vater eine Art vorgezogenes Erwachsenenleben zu führen, ziemlich verlockend. Aber im nächsten Moment spürte sie, dass sie ihre Brüder doch vermissen würde, und noch mehr ihre Mutter. Kurz, ihr wurde klar, dass eine Scheidung nicht etwa alle Probleme auf einen Schlag lösen, sondern, im Gegenteil, jede Menge neue hervorrufen würde. Daher war sie ihrer Mutter unendlich dankbar dafür, dass die ihren Vorschlag nicht umsetzte. Amelies Mutter blieb bei ihrem Mann, pflegte ihn ebenfalls jahrelang, und auch er starb zu Hause.

So haben wir also beide erlebt, dass Ehe auch bedeutet, Schwierigkeiten zu meistern, etwas auszuhalten, ja, wir möchten sogar den altmodischen Ausdruck verwenden: Opfer zu bringen. Feministinnen werden an dieser Stelle einwenden, dass es meistens die Frauen seien, von denen erwartet würde, Opfer zu bringen, und da haben sie leider recht. Die traditionelle Auffassung von der dienenden Rolle der Frau war bis zur Generation unserer Eltern selbstverständlich, aber – nicht zuletzt dank der Frauenbewegung – hat sich diesbezüglich manches verändert. Und es gibt inzwischen durchaus auch Männer, die aufopferungsvoll ihre Frauen pflegen.

2) Gene. Ja, das ist wirklich eine tolle Sache! Vor ein paar Jahren glaubten amerikanische Forscher, herausgefunden zu haben, warum manche Männer chronisch untreu sind und kaum eine Gelegenheit auslassen, ihre Frauen zu betrügen. Ihnen fehle das »Treue-Gen««, wissenschaftlich Vasopressin-Rezeptor-Gen, das sie zu monogamen und zuverlässigen Partnern macht, die Kinder nicht nur zeugen, sondern auch aufziehen. Männer ohne dieses Gen seien dazu kaum in der Lage; ihre Neigung zu Flirts und sexuellen Abenteuern sei so ausgeprägt, dass sie ihr einfach nachgeben müssten.

Ein Seufzer der Erleichterung ging durch die Männerwelt. Endlich hatte man eine unschlagbar gute, weil wissenschaftlich untermauerte Ausrede für die eigene Untreue!

Zunächst haben die Wissenschaftler Larry C. Young und Miranda M. Lim ihre Versuche allerdings nur an Wühlmäusen durchgeführt. Ob die Ergebnisse wirklich auf den Menschen übertragbar sind, ist die Frage. Wir denken, dass eine genetische Disposition, selbst wenn es sie gäbe, weder die Vernunft noch persönliche Wertmaßstäbe ersetzen muss. Abgesehen von weitgehend unveränderlichen genetischen Merkmalen wie dem Geschlecht, der Größe und der Hautfarbe gibt es eine Menge Anlagen, die den Träger durchaus nicht auf eine einzige Verhaltensweise festlegen. Wer also will, müsste es schaffen, seine Neigung zu Seitensprüngen zumindest kritisch zu hinterfragen und vielleicht sogar in den Griff zu bekommen. Unsere Vorfahren in den Höhlen haben noch weitgehend triebhaft und unreflektiert gehandelt. Wenn wir aber den Anspruch erheben, weiter zu sein als die Höhlenmenschen, müssten wir auch die zivilisatorische Leistung erbringen können, nicht unserem ersten Triebimpuls zu folgen.

Andererseits wäre es ein Wunder, wenn in einer langjährigen Beziehung keiner der beiden Partner jemals einen anderen Menschen anziehend finden oder sich verlieben würde. Dieser Art von Anfechtung ist fast jede Ehe irgendwann ausgesetzt. Wir finden es zum Beispiel beide gut, dass unser Partner auch von anderen als attraktiv wahrgenommen wird – wer möchte schon mit jemandem zusammen sein, den sonst keiner will? Die Frage ist, wie man mit solchen Situationen umgeht. Man kann sie ignorieren und verdrängen. Man kann der Versuchung begegnen, indem man ihr erliegt. Man kann sie zu Kenntnis nehmen, genießen – und bewusst verzichten.

Wir glauben, dass die grundsätzliche Bereitschaft beider Partner zum Verzicht eine Beziehung festigt, während der permanente Gedanke an eine mögliche Untreue des anderen eine zerstörerische Wirkung hat. Es mag Paare geben, die das anders sehen.

Für uns ist es wichtig, zu wissen, dass der Partner die Gemeinsamkeit zumindest nicht leichtfertig aufs Spiel setzt.

3) Alter. Je älter ein Paar bei der Eheschließung ist, desto besser sind die Aussichten, dass die Ehe ein Leben lang hält. Hah, denkt man, ist ja logisch! Wer mit Ende siebzig heiratet, hat schließlich eine deutlich kürzere Wegstrecke vor sich als jemand mit Mitte zwanzig. Das ist aber nicht gemeint, offenbar genügt es schon, dreißig statt zwanzig zu sein, um die Chancen auf Dauerhaftigkeit deutlich zu verbessern. Noch ein paar Jahre drauf, und die Chancen steigen weiter, und zwar nicht gleichmäßig, sondern exponentiell.

Klar, wer älter ist und damit (normalerweise) auch reifer, sich selbst besser kennt und weiß, was ihm gut tut, ist eher in der Lage, den passenden Partner für sich zu finden, als ein schwer verknallter Zwanzigjähriger, der noch nicht erlebt hat, dass der Überschwang des Anfangs meist keine tragfähige Basis für eine dauerhafte Beziehung ist. Wer also nicht der ersten Verliebtheit nachgibt, sondern mit dem Heiraten ein bisschen wartet und bis dahin Lebens- und Liebeserfahrung sammelt, geht mit realistischeren Erwartungen in die Ehe.

Ältere Ehepaare feiern häufig auch die gelungeneren Hochzeiten: Sie können sich meist eine aufwändigere Feier leisten, sind als Gastgeber schon geübt und wissen die größten Peinlichkeiten zu vermeiden. Sie bremsen den Schwiegervater ein, dessen Humor nicht immer gesellschaftsfähig ist, verhindern Darbietungen à la California Dreamboys und Auftritte blockflötenspielender Patenkinder. Kurz: Ältere Paare sind selbstbewusster und trauen sich eher, ihre Hochzeit (und hoffentlich auch die Ehe) nach ihren eigenen Vorstellungen zu gestalten, anstatt sich von konventionellen Erwartungen einengen zu lassen.

Wenn wir das nur früher gewusst hätten! Dann hätten wir vielleicht doch noch ein paar Jahre mit dem Heiraten gewartet. Dass unsere Hochzeit konventionell gewesen wäre, kann uns allerdings niemand vorwerfen. Wer sich traut, im Knödelstüberl zu heiraten, ist nicht verdächtig, sich irgendwelchen gesellschaftlichen Zwängen zu unterwerfen ...

Der Trend geht in Deutschland übrigens zur späteren Eheschließung: Laut Statistischem Bundesamt lag das durchschnittliche Heiratsalter bei Männer 1991 noch bei 31,8 Jahren, 2008 schon bei 37,0. Bei den Frauen stieg das Heiratsalter von 28,9 auf 33,8.

Beim Thema Alter ist auch folgender Aspekt interessant: Die Lebenserwartung in Deutschland ist seit dem 19. Jahrhundert massiv gestiegen – ein Mensch, der heute geboren wird, kann im Schnitt mit einer um 30 Jahre längeren Lebenszeit rechnen als einer, der vor hundert Jahren zur Welt kam. Die Menschen werden also heute nicht mehr sechzig oder siebzig, sondern achtzig, neunzig oder sogar hundert Jahre alt. Diese Tatsache lässt das Ziel einer lebenslangen Ehe deutlich ehrgeiziger erscheinen als damals. Da waren viele Leute nämlich schon mit vierzig tot.

4) Kinder. Wenn Frauen mit dem Heiraten immer länger warten, gehen sie natürlich das Risiko ein, keine Kinder mehr zu bekommen. Außer, sie drehen die Reihenfolge um, bekommen zuerst die Kinder und heiraten dann, was heutzutage häufig der Fall ist: 1991 hatten 8 Prozent der Brautleute bereits gemeinsame Kinder, 2008 schon knapp 20 Prozent.

Unter dem Aspekt der Zufriedenheit wäre Kinderlosigkeit übrigens kein Schaden – kinderlose Ehen seien glücklicher, ergeben Umfragen. Dieses Ergebnis hat uns überrascht und wir haben uns gefragt, wie es zustande gekommen sein könnte. Mit etwas Nachdenken findet man es heraus: Wenn man die gleiche Anzahl Paare mit und ohne Kinder ins Rennen schickt, sind fünfzehn Jahre später die kinderlosen Paare, die unglücklich miteinander waren, sehr wahrscheinlich schon getrennt – aus welchen Gründen sollten sie an einer unglücklichen Verbindung festhalten?

»Vor allem aber ist die Ehe nicht nur eine Erfüllung, sondern sie ist eine Aufgabe, die ganz vor uns steht und an unseren schöpferischen Geist appelliert. Wer bequeme vorgebildete Bahnen abschreiten will, wer nicht erfinderisch und schöpferisch sein kann, wer das Leben gar nicht als Kunstwerk betrachtet, das es gilt, zu modellieren, der soll nicht heiraten. Er wird enttäuschen und enttäuscht werden.«

Theodor Bovet, Die Ehe, ihre Krise und Neuwerdung, 1948

Unter den Paaren mit Kindern, die zu diesem Zeitpunkt noch verheiratet sind, befinden sich mehr unglückliche Paare, weil viele Eltern zumindest eine Zeit lang versuchen, den Kindern zuliebe die Ehe fortzusetzen, auch wenn sie nicht glücklich ist. Man trennt sich einfach viel schwerer, wenn Kinder im Spiel sind. Die Paare ohne Kinder, die noch zusammen sind, weisen also statistisch gesehen ein höheres Maß an Zufriedenheit auf – sie sind gewissermaßen »freiwillig« zusammen. Ob man daraus schließen kann, dass kinderlose Ehen grundsätzlich glücklicher sind, wagen wir zu bezweifeln.

Richtig ist aber, dass Elternschaft bei uns gern ideologisch überhöht wird – die zahlreichen Berichte glückstrunkener Väter, die seit einiger Zeit den Buchmarkt überschwemmen, legen davon ein beredtes Zeugnis ab. Mütter (insbesondere nicht berufstätige) neigen ohnehin dazu, die Mutterschaft zu idealisieren – offenbar müssen sie die Opfer, die sie für die Rundum-Brutpflege bringen, kompensieren. Nicht umsonst war eine der heftigsten und mit äußerster Erbitterung geführten gesellschaftlichen Debatten der letzten Jahre die zwischen Vollzeit-Müttern und berufstätigen Müttern, angeheizt von Eva Herman mit ihrem Buch »Das Eva-Prinzip«. Selten wurde so viel Gift und Galle zwischen Frauen gespuckt, keine Spur mehr von Frauensolidarität.

Da die Aufzucht eines Kindes teuer ist (ca. 150 000 Euro bis zum 18. Lebensjahr), möchten Eltern auch, dass sich die Investition lohnt. Den materiellen Kosten und der enormen Anstrengung der Kindererziehung wird also der emotionale Mehrwert gegenüber gestellt – Kinder, so die übereinstimmende Meinung, »machen glücklich«. Dann fällt es auch nicht so ins Gewicht, dass der Nachwuchs immer noch überwiegend das Privatvergnügen von Eltern ist, weil der Staat – der ja den größten Nutzen von Kindern hat – sich kaum an den Kosten beteiligt.

Wir können uns beide nicht vorstellen, wie unser gemeinsames Leben ohne Kinder gewesen wäre, und ob wir dann noch zusammen wären. Vielleicht hätten wir irgendwann geglaubt, andere Herausforderungen annehmen zu müssen. Mit den Kindern hatten wir Herausforderung genug, und wir sind sehr froh, dass wir sie haben. Und uns noch haben.

5) Bildung. Insgesamt wächst die Haltbarkeit von Ehen mit dem Bildungsgrad der Ehepartner.

Interessant ist, dass Ehen häufiger scheitern, wenn die Frau gebildeter ist als der Mann. Das widerspricht den traditionellen Rollenvorstellungen und führt wahrscheinlich zu einer Verunsicherung auf beiden Seiten. Frauen lehnen sich immer noch gern an einen vermeintlich überlegenen Mann an, und Männer ertragen es schwer, sich unterlegen zu fühlen. Anders herum scheint die Bildungsschieflage kein signifikantes Problem zu sein, was die wenig schmeichelhafte These stützt, Männer könnten besser sehen als denken …

Wir beide befinden uns in einem permanenten Wettstreit, da jeder insgeheim glaubt, ein bisschen schlauer zu sein als der andere. Da keiner bereit ist, in diesem Punkt nachzugeben, ist der Ausgang des Rennens offen. Amelie hofft, dass Peter sie nicht verlässt, wenn er irgendwann einsehen muss, dass sie trotz der Legionellen intelligenter ist als er. Und Peter hört nicht auf, davon zu träumen, dass Amelie eines Tages bewundernd zu ihm aufsehen wird, weil sie erkannt hat, dass er doch mehr weiß als sie.

6) Geschwister-Rangfolge. Interessant fanden wir auch die These, dass Partner, die in der Reihe ihrer Geschwister die gleiche Position belegen, besser miteinander harmonieren als zum Beispiel ein Zweitgeborener mit einer Drittgeborenen. Wir haben keine eindeutigen Beweise gefunden, dass diese These stimmt. Aber selbst wenn etwas dran wäre: Wer schwer verliebt ist oder sogar glaubt, den Menschen fürs Leben gefunden zu haben, würde diesen Aspekt wohl nicht zum Ausschlusskriterium machen.

Bei uns trifft es übrigens zu: Wir sind beide Erstgeborene.

7) Wohnen. Zur Miete zu wohnen erhöht das Scheidungsrisiko um 45 Prozent! Ehen in Eigentumswohnungen halten also länger. Nun kann sich aber nicht jeder eine eigene Wohnung leisten, und manches Paar lebt am Rande des Existenzminimums. Dass unter einem solchen Druck die Scheidungsrate steigt, ist kein Wunder. Aber das reicht nicht als Erklärung für die Quote von 45 Prozent. Es könnte sein, dass umgekehrt ein Schuh draus wird: Vielleicht entschließen sich Paare, deren Beziehung stabil ist, eher zum Kauf von Wohneigentum. Die anderen, die sowieso an der Haltbarkeit ihrer Ehe zweifeln, gehen das Risiko lieber nicht ein. Und dann gibt es sicher auch noch einige, die den ungeliebten Partner nur deshalb ertragen, weil sie das mühsam ersparte Wohneigentum nicht aufgeben wollen.

Aus unserer Erfahrung sagen wir: Was eine Ehe am meisten belastet, sind böse Nachbarn – egal, ob man zur Miete oder im Eigenheim wohnt!

8) Kommunikationsverhalten. Vieles, zum Beispiel unsere Herkunft und gewisse genetische Gegebenheiten, können wir nicht beeinflussen. Die Art, wie wir mit dem Partner umgehen, schon. Es gibt offenbar Grundregeln der Paar-Kommunikation, die so fundamental sind, dass es für professionelle Beobachter ein Leichtes ist, vorauszusagen, ob ein Paar eine dauerhafte Überlebenschance hat oder nicht.

Das beginnt bereits mit der Sitzhaltung und der Körpersprache. Positionieren sich die Partner zugewandt oder abgewandt, sind sie dem anderen gegenüber »offen« oder verschränken sie abwehrend Arme oder Beine. Hören sie dem anderen zu, geben sie bestätigende Signale oder machen sie abfällige Geräusche, verwenden sie Totschlagformulierungen wie »immer sagst du, nie machst du« oder beginnen sie ihre Antworten mit Formulierungen wie »Ich kann mir vorstellen, wie du dich fühlst«. Beherzigen sie die Regel, lieber von sich zu sprechen und zu beschreiben, wie es ihnen mit der Situation geht, anstatt das Verhalten des anderen zu bewerten usw. Anhand dieser Parameter stellt sich schon im »normalen« Gespräch heraus, ob ein Paar die Fähigkeit hat, auch im Konfliktfall miteinander zu reden, oder ob abzusehen ist, dass die Partner mehr und mehr in die Abwärtsspirale einer missglückten Kommunikation geraten, aus der es keinen Weg zurück mehr gibt.

Auch wir kennen diese Streitgespräche, die ablaufen wie nach einem Drehbuch. Jeder sagt immer wieder das Gleiche, hört dem anderen nicht zu, wir reden aneinander vorbei. Manchmal hilft es dann, uns in Gedanken gewissermaßen neben uns selbst zu stellen und die Situation von außen zu betrachten. Dabei kommen wir uns so lächerlich vor, dass diese Auseinandersetzungen oft damit enden, dass einer in Gelächter ausbricht und den anderen damit ansteckt. Ist die negative Spannung erst einmal gelöst, können wir meistens wieder vernünftig miteinander reden.

9) Die 5 zu 1-Formel: Ein Rezept, auf das wir bei unseren Recherchen stießen, erscheint uns sehr empfehlenswert: Auf eine Kritik à la »immer lässt du deine dreckigen Socken rumliegen« sollten fünf Komplimente der Marke »du bist übrigens der/die Größte, Schönste, Tollste, Klügste und Beste« folgen. *(Anmerkung von AF: Männer werden nie finden, dass ihre Frauen mit Lob übertreiben. Wir Frauen hingegen sind Komplimenten gegenüber oft misstrauisch, da müssen sich die Männer also wirklich anstrengen, glaubwürdig zu sein!)*

Insgesamt finden wir beide, dass diese Formel keine schlechte Faustregel ist. Kritik hat ein deutlich höheres spezifisches Gewicht als Lob, deshalb sollte man sparsam damit umgehen. Und auf Dauer wäre es schon gut, wenn uns für eine negative Eigenschaft des Partners mindestens fünf positive einfallen würden. Denn wenn der Partner uns mehr nervt, wenn er da ist, als er uns fehlt, wenn er weg ist, dann stimmt etwas nicht.

10) Hilfe suchen. Wenn alles nichts hilft, sollte man sich unbedingt helfen lassen! Wir glauben, dass es in vielen Fällen gar nicht

so schwierig wäre, eine in Schieflage geratene Beziehung wieder geradezurücken – wir selbst haben das vor Jahren erlebt. Wir hatten eine Krise, und unsere Gespräche drehten sich auf ermüdende Weise im Kreis. Schließlich nahmen wir die Hilfe eines Therapeuten in Anspruch, der uns durch erstaunlich simple Vorschläge in die Lage versetzte, uns gegenseitig besser zu verstehen und wieder konstruktiv miteinander zu sprechen.

Wenn der Körper schmerzhafte Fehlhaltungen entwickelt, geht man zur Krankengymnastik und lässt sich Übungen zeigen, mit denen man ihn wieder in die richtige Haltung bringen kann. Nichts anderes macht der Paartherapeut: Er hilft einem, zu erkennen, wo die Ursachen für die (Ver)-Spannungen liegen, und wie man sie wieder lösen kann. Es geschieht nichts Geheimnisvolles, der Therapeut »macht« auch nichts mit einem, er gibt nur Hilfestellung und bringt einen durch gezielte Fragen und Hinweise zu neuen Erkenntnissen. Die eigentliche therapeutische Arbeit leistet der Patient selbst.

Diese Methode setzt allerdings voraus, dass der Patient prinzipiell gesund ist, es sich also nur um eine Fehlfunktion, nicht aber um eine schwerwiegende Erkrankung handelt.

Es gibt eben vieles, was Einfluss auf den Erhalt und die Qualität der eigenen Ehe hat, und das meiste davon kann man selbst beeinflussen. Eine funktionierende Ehe ist weit mehr als Glückssache, manchmal artet sie sogar regelrecht in Arbeit aus. Unzählige Bücher wurden darüber geschrieben, und eine große Anzahl der bereits erwähnten Berater und Therapeuten leben von Menschen, die bereit sind, diese Arbeit auf sich zu nehmen. Trotzdem bleibt vieles im Bereich des Unerklärlichen. Nennen wir es Schicksal, Biochemie oder Magie. Warum zwei Menschen zusammenfinden und ein Leben lang gut miteinander auskommen, ja sogar glücklich sind, lässt sich nie ganz und gar erklären.

Vor Jahren sprachen wir mit einem Paar, beide über neunzig, die zu diesem Zeitpunkt achtundsechzig Jahre verheiratet waren.

Wir fragten sie nach dem Geheimnis ihrer Ehe. Der Mann lächelte. »Ich frage mich nicht, was meine Frau tun kann, um mich glücklich zu machen, sondern was ich tun kann, um sie glücklich zu machen. Meine Frau macht es genauso.«

So einfach kann es sein.

»**Richtig verheiratet ist ein Mann erst dann, wenn er jedes Wort versteht, das seine Frau nicht gesagt hat.**«
Alfred Hitchcock

 # Bernds Krise

Für meinen Freund Bernd fühle ich mich schon ewig verantwortlich. Wie es dazu kam, weiß ich nicht mehr, manchmal fliegen einem solche Aufgaben ja zu und man merkt zu spät, dass man sich besser dagegen gewehrt hätte. Bernd wirkt auf den ersten Blick nicht sehr schutzbedürftig. Als stellvertretender Filialleiter einer Sparkasse im Münchner Westen, Vater zweier wohlgeratener Töchter (gute Schulnoten, sportlich, blond) und Besitzer einer Doppelhaushälfte ist er dort angekommen, wo er seit seinem sechzehnten Lebensjahr hin wollte. Vor elf Jahren hatte Bernd erklärt, ich müsse für ihn entscheiden, ob er Lydia heiraten solle. Ich habe »Ja« gesagt.

Lydia ist eine temperamentvolle Frau und Bernd neigt zu einer gewissen Teigigkeit. Er trifft ungern Entscheidungen, ist aber gern dabei, wenn andere ihm sagen, wo's lang geht. Lydia hatte sich in Bernd verliebt, weil sie sich nach einer katastrophalen Ehe mit einem polymorph perversen Schauspieler vor allem nach Sicherheit sehnte. Die konnte Bernd ihr auf jeden Fall garantieren. Ich wurde Trauzeuge und gelobte, die Ehe im Krisenfall unter Einsatz aller meiner Kräfte zu verteidigen. Dazu kam es lange nicht, die beiden meisterten tapfer zwei Schwangerschaften, Lydias beruflichen Wiedereinstieg als Pressefrau einer Kabarettbühne und Bernds Nicht-Beförderung zum Filialleiter. Sie taten sich gegenseitig gut, er wurde etwas aktiver, sie gewann das Vertrauen in die Menschheit zurück. Bernds Mutter dankte mir nicht nur einmal überschwänglich dafür, dass ich diese Traumehe gestiftet hatte.

Dann kam der Tag, an dem Bernd schwitzend und bleich vor meiner Tür stand. »Sie hat einen anderen«, sagte er. Ich bat ihn herein. Amelie begriff sofort, dass es sich um eine Angelegenheit handelte, die unter Männern besprochen werden musste, und zog sich zurück. Ich gab Bernd ein Bier und fragte, wie er es herausgefunden habe. Er zählte eine Reihe von Verdachtsmomenten auf. So habe sich Lydia zum Beispiel kürzlich eine neue Frisur zugelegt, kurz und blond gefärbt. Das klang in der Tat verdächtig. Außerdem habe sie ihn zu einem Tangokurs überreden wollen und sich, nachdem er nicht gleich begeistert reagiert habe, einfach mit einer Freundin angemeldet. »Dann ist es jemand aus dem Kurs«, sagte ich.

Doch da war Bernd sich nicht so sicher. Er hatte auch einen der neuen Schauspieler an Lydias Theater in Verdacht sowie den Kollegen, den man ihm bei der Besetzung der Filialleiterstelle vorgezogen hatte.

Und jetzt kam mein Einsatz: Bernd ging davon aus, dass ich als Autor von Krimis mit diversen Beschattungstechniken vertraut war. Er bot mir sogar Geld an, wenn ich mich eine Weile an Lydias Fersen heften und herausfinden würde, mit wem sie die Ehe brach. »Vielleicht ist es ja nur ein Flirt«, sagte ich. Bernd schüttelte den Kopf. Lydia sei bereits aus dem gemeinsamen Ehebett ausgezogen. »Das ist natürlich mehr als verräterisch«, musste ich zugeben.

Ich habe mich als Drehbuchautor nicht nur in die seelischen Abgründe zahlreicher Mörder, sondern auch in die untreuer Ehefrauen hineinversetzen dürfen. Ich habe beschrieben, wie sie sich lange standhaft gegen die Versuchung wehren und zuletzt doch schwach werden, wie sie dann Verlangen mit Liebe verwechseln und eine oft über Jahre gehegte und gepflegte Ehe für irgendeinen nichtswürdigen Kerl aufs Spiel setzen. Beim Schreiben bin ich manchmal in einen Zustand alles umfassender Eifersucht geraten, habe in jeder Frau die Verräterin gesehen und sogar Amelie zu misstrauen begonnen. Zu meinem Glück konnte sie mich immer wieder rasch aus meiner überhitzten Phantasiewelt auf den Boden der Tatsachen zurückholen. Denn kaum etwas ist anstrengender als Eifersucht.

Das spürte ich auch, als ich zum ersten Mal unauffällig Lydia folgte. Sie war unterwegs zur Volkshochschule und ich fand, dass ihr Gang für eine verheiratete Frau ein wenig zu lasziv war. Gut, sie strebte zu einem Tangokurs und war innerlich vielleicht schon beschwingt, aber wenn ich auf ihre Hüften blickte, sah ich doch etwas Aufreizendes, das ich bei ihr noch nie bemerkt hatte. Vor der Volkshochschule traf Lydia auf zwei Paare. Ich registrierte, dass ihr bei einem der Männer der Begrüßungskuss leicht verrutschte und nicht nur dessen Wange, sondern den Mundwinkel traf. Sollte sie sich wirklich an einen gebundenen, möglicherweise sogar verheirateten Mann herangemacht haben? Ich hatte von untreuen Frauen gehört, die sich genau auf diesen Typus spezialisiert hatten – angeblich, um die eigene Ehe nicht zu gefährden. Wenn das stimmte, waren die Verhältnisse wenigstens von Anfang an klar: Es ging um Sex, nicht um Bindung. Mein Gott, wie falsch hatte ich Lydia über all die Jahre eingeschätzt! Sie war nicht nur die patente Mutter, die bei allen Problemen ihrer heranwachsenden Töchter Rat wusste, sie war nicht nur die loyale Ehefrau, die ihren antriebslosen Mann unermüdlich vitalisierte und gegen Spötter in Schutz nahm – sie war auch ein Luder.

Ich stand auf einer Brüstung und äugte von draußen in den Saal. Lydia war eine eifrige Schülerin. Der Tangolehrer wählte sie gern aus, um mit ihr etwas zu demonstrieren. Dabei glitt seine Hand nicht nur einmal wie aus Versehen über ihren Hintern. Es gab mir einen Stich und mir wurde klar, dass er instinktiv spürte, dass sie eine untreue Frau und leichte Beute war. In dem Moment entdeckte Lydia mich.

»Warum tust du Bernd das an?«, fragte ich. Lydia hatte den Tangokurs vorzeitig verlassen und wir spazierten durch die nächtliche Fußgängerzone. »Ich brauche Abstand«, sagte sie. Das verstand ich. Auch bei Amelie und mir entsteht nach Phasen großer Nähe manchmal ein Bedürfnis nach Distanz. Wir geben dem nach, weil wir davon überzeugt sind, dass eine Beziehung sich nicht nur aus sich selbst speisen kann, und sich unterschiedliche Außenerfahrungen durchaus belebend auswirken können. Für manchen gehören dazu auch erotische Begegnungen – das allerdings empfinden wir als Spiel mit dem Feuer.

»Bernd ist nicht selbstbewusst genug, um locker mit so einer Sache umzugehen«, sagte ich.

»Ist das wirklich so eine große Sache, Peter?«

»Aber natürlich, ich bitte dich«, sagte ich. Lydia schmiegte sich an mich und schniefte. Als begabter Empathiker spürte ich sofort wieder die nagende Eifersucht, die ich von Bernd übernommen hatte. »Es muss aufhören«, sagte ich, »sofort.«

Lydia schüttelte trotzig den Kopf.

»Aber du riskierst deine Ehe.«

Sie blickte mich an, schniefte, verwischte ihren Lidstrich und sah aus wie eine Mischung aus traurigem Clown und Alice Cooper. »Wenn er aber doch so entsetzlich schnarcht.«

»Das gibt dir doch nicht das Recht, ihn zu betrügen!«

Sie sah mich an, als wäre ich verrückt geworden. Dann brach sie in Gelächter aus. Ich brauchte noch eine Weile, bis ich meinen Irrtum begriff.

Bernd weinte nicht etwa vor Glück, als ich ihm mitteilte, dass seine Frau ihn gar nicht betrog, sondern sich nur in aller Bescheidenheit ein eigenes Zimmer wünschte. Für ihn wog der Auszug aus dem Ehebett fast genauso schwer wie ein Ehebruch. »Das ist immer der Anfang vom Ende«, erklärte er finster. Ich schilderte ihm enthusiastisch, was für eine Freiheit das eigene Bett bedeuten könne. »Bernd, du darfst wieder entscheiden, wie lang du noch liest, ob du dir einen Fernseher auf die Bude stellst oder deine FC Bayern-Bettwäsche benutzt!« Da behauptete er plötzlich, er schnarche überhaupt nicht. Weil seine Frau aber so verzweifelt war, willigte er schließlich in eine Bettentrennung auf Probe ein. Und dabei ist es geblieben

Bernd wollte mir nie verraten, was bei ihm zu dem Sinneswandel geführt hat, aber Lydia hat mich vor Kurzem eingeweiht: »Seit ich nachts wieder schlafe, habe ich deutlich mehr Lust auf Sex, und Bernd findet es wahnsinnig prickelnd, dass er nach elf Jahren Ehe fragen darf: Gehen wir zu dir oder zu mir?«

»Was modern ist, ist nicht unbedingt vernünftig. Getrennte Schlafzimmer verzögern oder verhindern gar das Zusammenwachsen von Mann und Frau, das richtige Einswerden und Ineinander-Aufgehen. An der Seite des Mannes zu ruhen ... das Lager mit seinem Weibe zu teilen – auf so etwas Kostbares sollten die jungen Leute nicht verzichten.«

Dr. Roland Holm, Mach mich glücklich, 1959

»Im ersten Ehejahr strebt ein Mann die Vorherrschaft an.
Im zweiten kämpft er um die Gleichberechtigung. Im dritten
ringt er um die nackte Existenz.«
George Bernard Shaw

 # Gatten im Schatten

Es war eine Geburtstagsparty mit illustren Gästen in einem Strandlokal an einem bayerischen See. Ich stand mit meinem Bierkrug in einer Ecke und beobachtete, wie Menschen, die ich aus dem Fernsehen kannte, sich in der Wirklichkeit verhielten. Einige lachten lauter als die übrigen Gäste und machten etwas größere Gesten, andere hatten zu enge Kleider oder zu bunte Hemden an, die meisten wirkten fast normal. Neben mir stand ein nicht berühmt wirkender Mann mit Bart. Er trank auch Bier und schaute auch. Er wirkte verloren, wie ich wahrscheinlich auch. Amelie unterhielt sich mit Petra Gerster. Beide strahlten und waren sehr schön. »Meine Frau«, murmelte der Bärtige. Ich sah ihn an, wir gaben uns die Hand, stellten uns vor. Er hieß Christian Nürnberger. »Wie fühlt man sich so als Mann von Petra Gerster?«, fragte ich, obwohl Amelie mir erklärt hatte, an der Wie-fühlt-man-sich-Frage erkenne man den schlechten Interviewer. »Geht so«, sagte Nürnberger, »man ist halt immer nur die Begleitung.« Ich erzählte ihm, wie ich mit Amelie einmal einen wichtigen Politiker kennengelernt hatte. Wir hatten lange geplaudert, viel gelacht und zuletzt Brüderschaft getrunken. Am nächsten Tag war mir der Politiker zufällig über den Weg gelaufen. »Servus«, hatte ich gerufen. Er hatte eine Augenbraue nach oben gezogen und mich streng gemustert. »Mit wem habe ich es denn bitte zu tun?« Ich erinnerte ihn an unser Gelage, und er entschuldigte sich, er habe sich mein Gesicht wohl nicht gemerkt. Wie war das möglich? Wir hatten uns stundenlang gegenübergesessen, ich kannte jede seiner Runzeln.

Ich erklärte Christian Nürnberger meine heliozentrische Theorie, die ich dazu entwickelt hatte: Wenn ein Mann sich zu dicht neben seiner prominenten Frau aufhält, wird er nicht wahrgenommen, weil sie ihn überstrahlt. »Wir sind Gatten im Schatten«, sagte ich. »Wir sollten eine Selbsthilfegruppe gründen«, sagte er, »ich kenne noch den Mann von Maybrit Illner« (das war, bevor diese einen Partner fand, der selber strahlte, und mit dem sie um die Wette strahlen konnte). Wir beschlossen, uns zu Gatten-im-Schatten-Beauftragten zu wählen und uns alle »Vorfälle« zu melden. Da geteiltes Leid aber selten halbes und meist nur peinlich ist, blieb es beim Beschluss.

Dabei hätte ich Nürnberger noch so manches mitzuteilen gehabt. Oft wurde Amelie vom Bayerischen Ministerpräsidenten zur großen Fernsehpreis-Gala eingeladen, ich aber nicht, obwohl ich ein künstlerisch wertvolles Drehbuch nach dem anderen lieferte. Amelie, die keinen Spieler der Mannschaft nennen konnte, die 1976 den Weltpokal gewonnen hatte, bekam vom FC Bayern Ehrenkarten. Der Gipfel aber war ein Aufenthalt in einem Fünfsternehotel in Frankfurt. Wir sollten bei einer Wohltätigkeits-Gala lesen, das Hotelzimmer war gesponsert. Dort erwartete uns ein Korb mit exotischen Früchten und eine Flasche Champagner. Amelie ging zum Frischmachen ins Bad, ich ließ mich aufs Bett fallen. Es klopfte. Ein Mann im Goldknopf-Blazer trat ein. »Entschuldigen Sie – Frau Fried?« »Ist im Bad«, sagte ich. »Dann richten Sie ihr doch bitte aus, dass ich sie als Hotelmanager auf Allerherzlichste willkommen heiße.« »Mache ich.« Er hielt mir lächelnd zwei goldene Ohrstöpsel, eine Schachtel mit Schoko-Trüffeln und ein weißes Tuch hin. Ich legte Ohrstöpsel und Pralinen auf Amelies Bett und hielt fragend das Tuch hoch. »Gehört zum VIP-Gedeck«, sagte er, »legen Sie es bitte vor ihr Bett.« Ich ließ das Tuch fallen. Er schüttelte tadelnd den Kopf. Ich ging auf die Knie und breitete das Tuch sorgfältig vor Amelies Bett aus. Er wartete, bis ich die letzten Falten geglättet hatte, nickte und zog sich zurück.

Als Amelie aus dem Bad kam, stand ich da und starrte auf das Tuch. Es war so ungerecht. Ich war genauso wohltätig wie sie. Wir lasen sogar gemeinsam. Warum bekam ich kein VIP-Tuch? »Du kannst gern meines haben«, sagte sie. »Ich will aber mein eigenes«, schrie ich. »Dann rufe ich die Rezeption an.« »Nein, auf keinen Fall, die denken ja, so ein Scheiß wäre mir wichtig.« Amelie machte nicht den Fehler, spöttisch zu lächeln. Sonst wäre es mit meiner Wohltätigkeit vorbei gewesen. Unsere Lesung kam gut an, das Spendenergebnis war beeindruckend, aber in mir brodelte es. Ich konnte mir gut vorstellen, dass ein weniger friedlicher Schattengatte an meiner Stelle zum Prügelgatten geworden wäre und den Hotelmanager zusammengeschlagen hätte.

Das war der Moment, in dem mir der Plot für einen *Polizeiruf 110* einfiel. Ich gab ihm den Titel »Henkersmahlzeit«. Ein genialer Koch schwitzt über seinen Töpfen, während seine schöne Frau als Geschäftsführerin des gemeinsamen Gourmetrestaurants von den Gästen hofiert wird. In seiner Kochsendung steht sie an seiner Seite und erklärt für ihn die Rezepte, und auf dem Cover seines Kochbuchs verdeckt sie ihn zu mehr als der Hälfte. Das wissen die Kommissare natürlich noch nicht, als der Koch in heller Aufregung bei ihnen erscheint und die Entführung seiner Frau meldet. Er habe sie anlässlich ihres Hochzeitstags zu einem Picknick am Fluss eingeladen. Plötzlich seien vermummte Männer aufgetaucht, hätten sie in einen Wagen gezerrt und seien mit ihr geflohen.

Die grausam entstellte Leiche wird am nächsten Tag in einem Steinbruch gefunden.

Amelie war nicht etwa empört, als ich ihr diese Geschichte erzählte. Sie grinste und sagte: »Gut, dass wir das Schreiben haben.« Als der Krimi mit Jörg Schüttauf in der Hauptrolle ausgestrahlt wurde, saß sie mit mir vor dem Fernseher. Sie amüsierte sich sehr und ich spürte, dass sie mich verstand. Seither sind die Schatten-Gatten für mich kein großes Thema mehr.

Anmerkung der Ehefrau:
Lieber Peter, lieber Christian, ihr habt mein volles Mitgefühl! Eines aber muss ich doch dazu bemerken: Diese Schatten-Gatten-Geschichte ist doch in Wahrheit nur deshalb so interessant, weil es hier ausnahmsweise Männer sind, die (vermeintlich) neben ihren Gattinnen verblassen. Warum glauben eigentlich so viele Leute, dass es für einen Mann schlimmer sein müsste, im Schatten seines Ehepartners zu stehen als für eine Frau? Warum fragt man euch in Talkshows voller Anteilnahme, ob es denn schwierig sei, an der Seite einer berühmten Frau zu leben – und warum fragt niemand die Frauen von berühmten Männern? Keiner kommt auf die Idee, dass die vielleicht auch was Tolles machen und gerne mal ein bisschen gefeiert werden würden. Nein, bei ihnen geht man selbstverständlich davon aus, dass es ihnen leichter fällt, in der zweiten Reihe zu stehen, weil Frauen daran ja seit Jahrhunderten gewöhnt sind.

Zugegeben, die Umgewöhnungsphase für euch Männer war ein bisschen kurz. Aber ihr zwei, Peter und Christian, seid doch viel zu souverän, um mit uns zu rivalisieren!

»Die Unterschiede zwischen Ehemännern sind so gering, dass man ruhig den ersten behalten kann.«

Adela Rogers St. Johns

»Sie hat mir den Himmel bereitet.«

Interview mit Sportreporter-Legende Harry Valérien (89) und seiner Frau Randi (76), seit 52 Jahren verheiratet, zwei Töchter, vier Enkel. Wir wollten von den beiden wissen, wie sie es so lange miteinander ausgehalten haben und wie die Liebe im Alter sich verändert.

Wann und wie habt ihr euch kennengelernt?

R: Es war an Fasching, am 7. Februar 1959. Ich war mit meinen Eltern in Garmisch beim Kandahar-Rennen. Und irgendwo da bei der Slalompiste kam mir der Harry entgegen.

Kanntest du ihn aus dem Fernsehen?

R: Nein. Aber Harry kannte meine Eltern, mein Vater war ja ein recht bekannter norwegischer Skispringer. Abends war ich dann mit Freunden in einem sehr schönen Restaurant, und plötzlich ging die Tür auf, meine Mutter kam herein – und brachte Harry mit.

Harry, was war dein erster Gedanke, als du Randi gesehen hast?

H: Ich hab zu mir gesagt: Das ist jetzt meine Frau. Da gab's überhaupt keine Zweifel. Aber dann dachte ich, es könnte doch nichts werden. Die sah ja aus wie höchstens siebzehn. Und ich war vierunddreißig. Wir saßen dann nebeneinander und meine erste Frage war: »Wie alt bist du denn?« Sie sagte: »Einundzwanzig. Und du?« Ich habe dann gesagt: »Was schätzt du?«, weil ich wusste, dass ich da Punkte machen kann. »So sechs-, siebenundzwanzig?«

R: Das war für mich ja uralt!

H: Und ich sagte dann: »Das hast du genau erwischt!« Und mit der Lüge lebte ich dann eine Zeit lang.

R: Mir hast du's eigentlich bald gesagt. Aber du hast dich immer, dein ganzes Leben lang, zehn Jahre jünger gemacht!

Randi, wie hast du ihn an diesem ersten Abend gefunden?

R: Ich fand ihn sehr sympathisch und nett. Und anders, weil man mit ihm so gut reden konnte. Mit Gleichaltrigen ging das oft nicht so. Aber dann gab's das Problem, dass ich ja noch einen Freund hatte. Der hat dann sehr um mich gekämpft.

Harry, was hast du denn unternommen, um Randi zu erobern?

R: Er hatte da so einen Freund, der hat ihm Tipps gegeben, wie er mich rumkriegen würde.

Was für Tipps waren das?

H: Sage ich nicht. Ich habe ihr Briefe geschrieben und gehofft, dass ich den Rest schon schaffe.

R: Er hat mir sehr viele, sehr schöne Briefe geschrieben. Die habe ich alle aufgehoben. Aber als ich ihm dann mal schrieb, war er mit meinem Brief nicht so zufrieden. Am liebsten hätte er meine Fehler korrigiert. Journalist eben.

Wie ging es dann weiter?

H: Ihre Mutter hat mich zu sich gebeten und gesagt, ich solle das doch sein lassen, die Spinnerei mit ihrer Tochter. Ich fragte dann, warum sie erstens denke, dass es eine Spinnerei sei, und zweitens, dass ich es sein lassen würde. Sie wollte mich wohl testen, ob ich es auch ernst meine. Anderthalb Jahre später haben wir geheiratet.

Wer hat denn wem den Heiratsantrag gemacht?

H: Ach, das war wunderbar! Randi war damals als Au-pair in der Schweiz bei einem calvinistischen Pfarrer und hat dort im Radio meine Reportagen von den olympischen Winterspielen in Squaw Valley gehört. Als ich zurück war, trafen wir uns in Genf. Und bei einem Spaziergang durch den Kurpark sagte ich zu ihr: »Du, ich will dich gern heiraten!« Und sie sagte: »Wann willst du mich denn heiraten?« Und ich überlegte und sagte: »Na, vielleicht nächstes Jahr?« Und sie sagte: »Wieso nächstes Jahr, wenn du's heut schon weißt?«

R: Ich habe dann schon mal die Aussteuer gekauft, die Bettwäsche und so. Und dann dachte ich mir: Wenn ich jetzt so mit einem Mann zusammen bin und heirate, dann müsste ich ja vielleicht auch ein breiteres Bett kaufen. Und dann haben wir eins machen lassen, zwei Meter zwanzig lang und zwei Meter zwanzig breit. Damit ich Freiheit habe, hab ich mir gedacht.

H: Und ich habe mir überlegt, ob wir nicht getrennte Schlafzimmer haben könnten. Ich wollte gern eine gewisse Distanz.

R: Am Ende haben wir nie getrennte Schlafzimmer gehabt. Das gab's überhaupt nicht.

Harry war als prominenter Fernsehjournalist sicher umschwärmt von Frauen. Warst du manchmal eifersüchtig, Randi?

R: Ich habe eigentlich immer großes Vertrauen zu Harry gehabt. Außerdem: Die *Bild*-Zeitung war mein bester Babysitter, die haben ja immer alles gewusst und geschrieben. Ich dachte, wenn was ist, dann erfahre ich das schon!

H: Einmal, in Cali in Kolumbien, schickte mein Gastgeber mir eine Prostituierte aufs Zimmer. Ich dachte, das lasse ich lieber, sonst steht morgen in der Zeitung: »Harry auf Abwegen.«

Abgesehen von der Gefahr, in der Zeitung zu stehen – gab es andere Gründe, treu zu sein, Harry?

R: Das hat er mir nie verraten!

H: Du bist ja auch eifersüchtig, obwohl du es bestreitest.

R: Das ist keine Eifersucht. Ich finde es nur nicht fair, wenn Frauen – die vielleicht sogar selbst verheiratet sind – verheiratete Männer anmachen. Auf solche Frauen war ich dann manchmal ein bisschen sauer.

Aber letztlich warst du dir immer sicher, dass es keine bessere Frau für Harry gibt als dich?

R: Natürlich habe ich gesehen, dass Ehen von Journalistenkollegen kaputtgegangen sind. Aber ich habe ihm da einfach vertraut. Ich war ja auch immer sehr beschäftigt, wenn Harry weg war. Begleitet habe ich ihn selten. Eigentlich habe ich zwei Leben gelebt – eines mit ihm, und eines ohne ihn.

Bist du eifersüchtig, Harry?

H: Einmal war ich eifersüchtig, wegen so eines Architekten. Da hatten wir eine Party und er war mit Randi in der Sauna. Aber nicht nackt …

R: … wir planten damals den Einbau einer Sauna, und ich zeigte ihm das nur und wollte seinen Rat.

H: Dem bin ich dann mit dem Auto hinterhergefahren. Da habe ich das erste Mal gedacht, vielleicht kann ich ihr nicht trauen.

Aber es war dann gar nichts?

R: Wir haben uns halt immer mal gesehen, mit Freunden, bei Einladungen. Er war schon ein Verehrer von mir.

H: Und dieser Engländer?

R: Ach, der aus Ibiza! Das war ein toller Typ, nach dem waren alle verrückt! Na, und ich bin dann schon so eine, ich will es dann wissen, ob der mich anschaut! Aber da war nichts, es war ja auch seine Frau dabei. Also, vielleicht habe ich ein bisschen mit ihm geschmust, oder nicht einmal. Aber Harry hat so was immer gemerkt, der hat da unheimliche Antennen.

H: Aber einmal in Seefeld, da habe ich mit einer sehr schönen Frau getanzt, und Randi ist wütend in unser Zimmer. Da musste die Hotelbesitzerin schlichten, weil Randi so unversöhnlich war.

Wenn es stimmt, dass Eifersucht nur dort ist, wo Leidenschaft ist, dann führt ihr jedenfalls eine leidenschaftliche Ehe! Gab es nie die Situation, dass einer gehen wollte?

R: Er hat schon mal die Tür geknallt, in einem Streit.

H: Aber ich kam nie an den Punkt, an dem ich mir gedacht hätte: Jetzt reicht's. Und Randi konnte nicht schlafen gehen, wenn ein Streit nicht beigelegt war.

Wer von euch gibt eher nach?

R: Ich. Frauen geben doch immer eher nach.

H: Da bin ich der gegenteiligen Meinung. Die Randi gibt nicht so schnell nach. Also, ich gebe eher nach. Weil sie ja auch von zehn Mal neun Mal recht hat.

R: Und dann ist noch etwas wichtig: die Sprache. Wie man miteinander redet.

H: Wir haben beide immer auf unsere Ausdrucksweise geachtet. Ich mag keine Frauen, die Kraftausdrücke gebrauchen.

R: Da war er sehr streng.

H: Aber Randi hat immer die Achtung vor mir bewahrt, und damit die Achtung vor sich selbst.

Darin liegt ja sicher die Gefahr einer so langen Ehe, dass man mit der Zeit im Umgang nachlässiger wird.

R: Heute ist es manchmal schwieriger für mich. Wenn Harry bei allem langsamer wird, dass ich dann die Geduld behalte. Man ist nicht vorbereitet auf das, was im Alter passiert. Dann muss man einerseits streng sein, aber dem anderen auch nicht zu viel zumuten. Oder ihm zu viel abnehmen. Das ist schon mühsam.

Wie schafft man es, über 50 Jahre mit einem Menschen gut zusammen zu sein, was ist wichtig für eine so lange, geglückte Ehe?

H: Ich würde sagen, es ist Fügung.

Aber, man muss doch auch etwas dafür tun?

H: Natürlich, ohne das geht es nicht. Es geht wirklich um die gegenseitige Achtung. Und um Loyalität. Als ich mal Ärger beim ZDF hatte, rief ich Randi an und sagte: »Du, es kann sein, dass ich heute den Dienst quittiere.« Dann sagte sie: »Ich gehe mit dir in den Urwald, wenn's sein muss.«

R: Ich fand, dass er recht hatte. Und dass man nicht kuschen darf.

H: Ohne diese Abstimmung und Zustimmung des anderen wäre eine Ehe nicht denkbar.

50 Jahre sind eine lange Zeit. Was ist – im Rückblick betrachtet – wichtiger, die Leidenschaft oder die Freundschaft?

R: Da möchte ich sagen, die Freundschaft.

H. Ja, ich auch.

R: Aber es ist für Harry immer noch ganz wichtig, dass ich da bin, dass ich nah bin. Es ist nie so, dass ich ihm auf die Nerven falle, höchstens mal umgekehrt (*lacht*). Ist nur Spaß. Aber ich brauche immer meinen Freiraum.

Harry, was bedeutet dir Randi heute?

H: Die Randi ist ein wunderbarer Wegbegleiter.

R: Aber du brauchst mich auch.

H: So, wie du mich brauchst. Übrigens wollte ich eigentlich gar nicht heiraten!

Das sagst du uns jetzt? Warum denn nicht?

H: Wegen des schlechten Vorbildes meines Vaters. Kurz, nachdem alle vier Kinder auf der Welt waren, hat er sich scheiden lassen. Damals war ich sechs Jahre alt.

Ich habe den Wunsch nicht so heftig verspürt, bis ich dann die Randi gesehen hab. Und dann hatte ich gar keine andere Wahl. Sie hat alle Bedenken ausgeräumt. Sie hat mir den Himmel bereitet.

»Was ist denn aber der Endzweck der Ehe? Ich will es kurz machen, weil es schon spät ist. Ich glaube, dass der Endzweck der Ehe die vollkommenste Lebensvereinigung ist.«
Theodor Gottlieb von Hippel, Über die Ehe, 1774–1793

Mein Vater – ein Vorbild?

Mein Vater nannte meine Mutter »Hüldigard«, nicht Hildegard. Das kam daher, dass er ihren Namen selten sagte, sondern fast immer rief. Wenn sie auf »Hüldigard« nicht reagierte, schnalzte er laut mit der Zunge. Das hasste sie, weil sie nicht wie ein Ackergaul behandelt werden wollte. Aber sie verstand es falsch, denn er war in seiner Jugend im Münchner Englischen Garten geritten und da hatte man das Schnalzen als elegant empfunden.

Mein Vater hielt grundsätzlich Mittagschlaf, um sich von der anstrengenden Vormittagssprechstunde zu erholen. Meine Mutter, die als Ärztin mit ihm arbeitete, brauchte offenbar weniger Erholung, sie kümmerte sich um unsere Hausaufgaben und den Haushalt. Sie hatte zwar immer »Hilfen«, aber die mussten angeleitet und kontrolliert werden. Punkt halb drei saß mein Vater dann in seinem Auto. Manchmal trug er einen Pepita-Hut, manchmal eine beige Schiebermütze, manchmal ließ er nur sein mit Brisk zurückgekämmtes, schwarzes Haar glänzen. Er drückte im Minutentakt auf die Hupe. Immer nur einmal und immer kurz. Schließlich war er ein kultivierter Mann. Das Hupen hatte einen seltsamen Effekt auf meine Mutter. Beim ersten Mal sagte sie: »Ja, ist schon recht.« Beim zweiten Mal lief sie, um ihren Mantel zu holen, in die Küche. Beim dritten Mal nannte sie mich Hermann und spätestens ab dem vierten Mal hatte sie Tränen in den Augen und sagte immer wieder: »Ich komme ja schon, aber ich muss doch noch …« Sie irrte zwischen Keller und Speicher, ihren drei Söhnen, der Hilfe und dem Schäferhund, der zum Abschied gekrault werden musste, hin und her und vergaß beim Verlassen des Hauses ihre Arzttasche, die ich ihr nachtrug. Mein Vater kurbelte die Scheibe seines Ford Taunus hinunter und drohte mir empfindliche Strafen an, wenn ich die Mama immer aufhielte. »Das hat er doch gar nicht, Erwin, wirklich nicht.« Ihr Jammerton gefiel ihm nicht und er fragte, ob sie ihre Regel jetzt schon alle vierzehn Tage habe.

Mein Vater erklärte mir, er habe als guter Katholik genau dreimal mit meiner Mutter Geschlechtsverkehr gehabt, nämlich um seine Söhne zu zeugen. Aber am Samstag war die Praxis geschlossen und das Schlafzimmer meiner Eltern oft abgesperrt. Mein Vater hasste es, von uns geküsst zu werden, weil wir Krankheiten übertragen könnten. Wenn wir bei Ausflügen aufs Land an einer Kuhherde vorbeikamen, sagte er zu meiner Mutter: »Freust du dich, dass du deine Schwestern siehst?« Das klingt frauenfeindlich, ist es aber nicht, weil er nicht nur ein Reiter, sondern auch ein leidenschaftlicher Helfer auf Bauernhöfen gewesen ist und das Rindvieh beinahe so sehr schätzte wie das Pferd. Mein Vater war Abonnent mehrerer konservativer Zeitungen und Zeitschriften. Er verstand sich als Ausschnittdienst meiner Mutter und las ihr vor, was sie seiner Meinung nach interessierte – das war nicht in jedem Fall das, was für sie wichtig war. Meine Mutter bestellte immer Briefwahlunterlagen, damit mein Vater für sie wählen konnte. Er wählte auch für meine Großmutter, sogar noch Jahre nach deren Tod. Weshalb die Unterlagen weiter geliefert wurden, weiß ich nicht.

Jetzt könnte man denken, mein Vater wäre einer jener harten Burschen gewesen, die sich und ihre Familie immer im Griff haben. Aber das war nur die halbe Wahrheit. Wenn zum Beispiel in unserem Schwarz-Weiß-Fernseher die Regensburger Domspatzen »Aber Heitschi bumbeitschi bummbumm« sangen, weinte er Rotz und Wasser, und meine Mutter musste ihn trösten. Das passierte auch, wenn Lassie ihre Familie verlor und durch halb Amerika lief, um sie wiederzufinden. Mein Vater konnte auch nicht richtig schwimmen und bekam Panik, wenn meine Mutter, die eine echte Nixe war, ihn nass spritzte. Und wenn ich ihm in politischen Diskussionen widersprach, musste er erst ein Herzmittel nehmen, bevor er meine baldige Auslieferung an die DDR ankündigte.

Ach, unsere Diskussionen. Mein Vater hatte den Tag herbeigesehnt, an dem ich ihm endlich intellektuell gewachsen war. Er hatte von einem aufgeweckten Sohn geträumt, mit dem er von Franz Josef Strauß schwärmen und auf Willy Brandt schimpfen konnte. Ich habe ihm die schreckliche Enttäuschung bereitet, von Brandt zu schwärmen und auf Strauß zu schimpfen. Dahinter vermutete er den schlechten Einfluss einiger junger Lehrer und antiautoritär erzogener Klassenkameraden. Da er mich auf keinen Fall kampflos dem Feind überlassen wollte, erklärte er unser Haus zum Umerziehungslager. Leider war ich ein unbelehrbarer Dissident. Ich hielt unsere hitzigen Diskussionen für eine Art Rudelkampf und tat alles, um das Alphatier in den Zusammenbruch zu treiben. Er war zäh, ich listig, er cholerisch, ich fies. Meist endeten unsere täglichen Kämpfe im Patt. So blieb mir am Ende keine andere Wahl, als mir ein neues Revier zu suchen. Bei meinem Auszug prophezeite ich meinem Vater, dass auf seinem Dach demnächst die rote Fahne wehen werde, weil die erste Besetzung eines Einfamilienhauses in Deutschland leider hier stattfinden werde. Er kündigte mir die Enterbung an.

Bald nachdem ich Amelie kennengelernt hatte, erzählte ich ihr von dem Monstrum, das mich gezeugt hatte. Ich verheimlichte ihr auch nicht die Antipathien meines Vaters gegen sie als Fernsehmoderatorin. Das fand sie interessant und wollte ihn unbedingt kennenlernen. Es war Liebe auf den ersten Blick zwischen den beiden und ich beobachtete staunend, wie mein Vater sich in Amelies Gegenwart von einem Diktator in einen unglaublich liebenswerten, charmanten, witzigen Menschen verwandelte. Jetzt erinnerte ich mich auch wieder an einige seiner positiven Eigenschaften. Zum Beispiel hatte er als Arzt selbstverständlich auch Menschen behandelt, die nicht bezahlen konnten, und sogar einige Brocken Türkisch gelernt, um Patienten in ihrer Muttersprache begrüßen zu können.

In einem Bereich war mein Vater ein regelrechter Held. Er war treu und das, obwohl er verdammt gut aussah und in jedem italienischen Film den Liebhaber hätte geben können. Die Frauen umschwärmten ihn, auch junge, attraktive. Meine Mutter lächelte darüber und war nie beunruhigt. Eine Zeit lang hatte ich den Ehrgeiz, meinem Vater einen Seitensprung nachzuweisen. Ich hätte ihn zu gern der Doppelmoral überführt. Aber ich fand keinen einzigen Hinweis, dass er jemals untreu gewesen wäre. Seiner »Hüldigard« begegnet zu sein, war für ihn das größte Glück seines Lebens. Wenn jemand an ihr herumnörgelte oder sie gar kränkte, wurde mein Vater zum Ritter. Er warf Kollegen und Verwandte aus dem Haus und brach selbst mit den ältesten Freunden. Meine Mutter stammte, wie sie oft erzählte, aus einem Elternhaus, in dem nie gelacht oder gescherzt worden war. Mein Vater übernahm gern die Rolle ihres Humorlehrers. Von ihm lernte sie, dass man auch außerhalb von Theatern Stimmen und Charaktere nachahmen oder sogar parodieren darf. Sie begriff, was Ironie bedeutet, und lachte herzhaft mit dem Rest der Familie, obwohl der sich fast immer auf ihre Kosten amüsierte. Oft massierte mein Vater meiner an Migräne leidenden Mutter hingebungsvoll den Nacken, er munterte sie auf, wenn sie ihren »Moralischen« hatte und, wenn es unausweichlich war, tanzte er sogar mit ihr. Aber nur Polka, beim Walzer wurde ihm schwindlig.

Bald hatte Amelie meinen Vater so entdämonisiert, dass ich ihn wieder lieben konnte wie früher. Wir haben noch eine sehr intensive Zeit miteinander verbracht. Die letzten drei Jahre war mein Vater ans Bett gefesselt. Meine Mutter pflegte ihn und er wurde nicht müde, ihr dafür zu danken. Er klagte nie über seine erbärmliche Lage, und wir wussten, dass er längst gehen wollte, aber seine »Hüldigard« einfach nicht allein lassen konnte.

Szenen einer Ehe 2

Er: Wie geht's dir?
Sie: Wie meinst du das?
Er: Nur so.
Sie: *(gähnt)* Müde.
Er: Schade.
Sie: Wieso?
Er: …
Sie: *(schaut auf die Uhr, gähnt noch mal)* Ist schon spät.
Er: Es ist schon wieder ganz schön lange her …
Sie: Höchstens eine Woche.
Er: Mindestens zwei.
Sie: Paah!
Er: Andere Männer sind nicht so geduldig.
Sie: Was soll das heißen?
Er: Die betrügen ihre Frauen.
Sie: Willst du mir drohen?
Er: Ich sag's ja nur.
Sie: Bitte schön, dann betrüg mich eben.
Er: Ich will dich aber nicht betrügen.
Sie: Na, dann lass es bleiben.
Er: Ach, komm schon.
Sie: Ich habe aber keine Lust!
Er: Deswegen heißt es ja auch »eheliche Pflicht«, und nicht »eheliches Vergnügen«!
Sie: Du meinst, ich soll mit dir ins Bett gehen, nur um dir einen Gefallen zu tun?
Er: Was heißt hier »nur«? Man kann auch mal was aus Liebe für den anderen tun!
Sie: Ja, »was« schon, aber doch nicht Sex!
Er: Was sonst, wenn nicht Sex?
Sie: Warum soll ich für deine sexuelle Befriedigung zuständig sein? Dafür ist jeder Mensch selbst zuständig!
Er: Echt?
Sie: Ja. Habe ich gelesen.
Er: Wo?
Sie: In irgend so einer wissenschaftlichen Abhandlung.
Er: Du liest wissenschaftliche Abhandlungen?
Sie: Ja, klar. Wenn das Thema mich interessiert.

Er: Aber Sex interessiert dich doch gar nicht.
Sie: Doch. Nur jetzt gerade halt nicht.
Er: …
Sie: …
Er: …
Sie: Sag mal … würdest du mir den Nacken massieren?

»Ausgerechnet jetzt, da der Sex sich in nie gekannter Weise von der Liebe unabhängig gemacht hat, macht die Liebe sich in nie gekannter Weise vom Sex abhängig.«
Sven Hillenkamp, Das Ende der Liebe, 2009

Sex wird überschätzt

Die schlechte Nachricht gleich vorweg: Viele Frauen haben Sex, um geheiratet zu werden, die meisten Männer heiraten, um Sex zu haben. Und deshalb ist Sex eines der größten, potentiellen Krisengebiete in der Ehe. Die Halbwertzeit der sexuellen Vernarrtheit in den Partner liegt (unabhängig vom Geschlecht) bei ungefähr einem Jahr, dann beruhigen sich die durchgedrehten Hormone wieder, und man kann auch mal wieder an etwas anderes denken, als daran, jetzt sofort mit der bzw. dem Liebsten schlafen zu wollen. Der akute Zustand der totalen Verliebtheit (der biochemisch gesehen einem Schub von Geisteskrankheit gleicht) klingt allmählich ab und verwandelt sich im besten Fall in eine tiefer gehende Zuneigung, die den ganzen Menschen meint.

Das heißt nicht, dass man ab einem gewissen Zeitpunkt den Partner weniger anziehend findet, dieser Zustand bleibt bei manchen Paaren für viele Jahre oder sogar für immer erhalten, aber es braucht ein bisschen mehr als den schieren Anblick des geliebten Menschen, um die anfänglichen Stürme der Leidenschaft zu entfachen.

Das Problem ist: Bei vielen Frauen braucht es einiges mehr als bei den meisten Männern. Während für viele Männer Sex etwas ist, das zum Leben gehört wie duschen oder Zähne putzen, also etwas, das sie gerne tun, weil sie sich hinterher besser fühlen, träumen viele Frauen von dem ganz besonderen Moment, von der romantischen Inszenierung, der immer neuen, raffinierten Verführung. Sie sind meist irritierbarer, lassen sich leichter ablenken und integrieren das Liebesspiel nicht so unkompliziert in ihren Alltag. Das interpretieren Männer schnell als Ablehnung, Frauen hingegen sind verletzt, weil sie den Eindruck haben, auf ihre Bedürfnisse werde keine Rücksicht genommen.

Die Frage, wie oft Paare Sex haben (oder haben sollten), gehört zu den am heftigsten diskutierten überhaupt – und vermutlich wird in Umfragen bei wenigen Antworten so gelogen. Martin Luthers Empfehlung »In der Woche zwier schadet weder ihm noch ihr«, ist da wohl buchstäblich nur ein frommer Wunsch. Paare mit Kindern haben deutlich weniger Sex, manche nur einmal im Monat oder noch seltener. In einer Langzeitbeziehung ist das übrigens nicht unbedingt ein Krisensymptom, sondern kann – man staune – auch ein Beleg für die Stabilität der Beziehung sein. Denn Sex ist nicht nur das Ausleben eines Triebes, sondern auch ein Mittel, sich des anderen zu versichern. Dieser Aspekt spielt am Anfang einer Liebe eine größere Rolle als später, wenn die Partner schon erlebt haben, dass sie sich aufeinander verlassen können.

Einer Umfrage zufolge, die das Meinungsforschungsinstitut Forsa 2010 durchführte, waren übrigens 65 Prozent der Befragten über 14 Jahren der Meinung, dass der gemeinsame Genuss von Essen für eine gute Partnerschaft manchmal wichtiger ist als Sex. Auch, wenn der Begriff »manchmal« dehnbar ist, zeigt diese Zahl doch, dass Sex eben »manchmal« überschätzt wird. Singles stimmten dieser Behauptung übrigens seltener zu als Menschen mit Partner, was zeigt, dass besonders erstrebenswert ist, was man nicht hat.

Und jetzt die Überraschung: Beim Sex können Kinder entstehen!
Wie schnell nach dem Kennenlernen, Verlieben oder Heiraten

man das riskieren möchte, sollte gut überlegt sein, denn Kinder stellen alles auf den Kopf – insbesondere das Sexualleben! Realistisch gesehen sollte ein Paar spätestens ab der Geburt eines Kindes die Hoffnung auf befriedigende Zweisamkeit für längere Zeit fahren lassen. Das Baby, ein saugender, schmatzender, schlafraubender kleiner Vampir, fordert nämlich die volle Kraft der Mutter, deshalb ist die meist nicht begeistert, wenn ihr noch jemand saugend und schmatzend an die Wäsche will und ihr den Schlaf raubt. Eine Zeit lang ziehen junge Mütter den Großteil ihrer libidinösen Befriedigung aus dem Stillen und der intensiven Beschäftigung mit dem Kind – die frischgebackenen Väter fühlen sich verständlicherweise zurückgesetzt und rivalisieren oft heftig mit dem Baby um die Zuwendung der Mutter. Geschickt, wie die Natur nun mal ist, hat sie es aber so eingerichtet, dass die kleinen Verführer ihren großen Rivalen spielend die Show stehlen.

In dieser Phase betrügen manche Männer ihre Partnerin, was wir Frauen als Schweinerei und unverzeihlichen Verrat empfinden. Gerade in dieser körperlich anstrengenden und emotional aufreibenden Zeit sind wir sehr auf Verständnis und Rücksicht angewiesen. Wenn ein Mann so wenig Frustrationstoleranz aufbringt, dass er nicht mal ein paar Wochen oder Monate auf Sex verzichten kann – womit muss man dann rechnen, wenn wirklich schwierige Zeiten kommen?

Andere Männer werben weiter unbeirrt um ihre Frauen, kommen irgendwann glücklich ans Ziel – und zeugen Rivalen Nummer zwei. (Und drei. Vielleicht auch vier. Manche lernen langsam.) Und jetzt kommen die vermutlich schwierigsten Jahre im Leben eines Paares, denn das genetische Programm der Männer (zeugen, zeugen, zeugen!) kämpft gegen das der Mütter (schlafen, schlafen, schlafen!). Obwohl ich es auch in dieser Phase höchst unerfreulich fände, betrogen zu werden, habe ich ein gewisses Verständnis für diese Männer. Womöglich sind sie dem Irrtum aufgesessen, die Ehe sei eine Art Dauerabonnement für Sex – und müssen nun feststellen, dass ihre Frauen meistens zu müde sind, und es gewaltiger Anstrengungen bedarf, sie erotisch zu motivieren.

Ich kann mich gut an die Zeit erinnern, in der auch ich wie eine Schlafwandlerin durch meinen Alltag getorkelt bin, der aus einem atemberaubenden Drahtseilakt mit Windelwechseln, Kindergartendramen, schlaflosen Nächten, Sendungsvorbereitung und Buch-Abgabeterminen bestand. Zu dieser Zeit hätte ich abends jederzeit ein heißes Bad und eine Rückenmassage dem aufregendsten Sex der Welt vorgezogen.

Es ist nicht zu übersehen, dass hier ein »clash of nature and culture« stattfindet. Der männliche Trieb und die natürliche Erschöpfung der Mütter kollidieren mit unserem kulturellen Ideal von Monogamie und Treue. Die Männer reagieren frustriert, die Frauen haben Schuldgefühle, es ist ein ewiges Ringen um einen für beide erträglichen Kompromiss, der nicht gerade der Erotik förderlich ist. Sex wird zum ständigen Krisenherd und zur Verhandlungsmasse, es entsteht ein innerehelicher Dauerkonflikt, für den es oft keine befriedigende Lösung gibt.

Ich glaube übrigens nicht, dass Sex zwangsläufig ein konstituierendes Element der Ehe sein muss. Ich kenne ein Paar, das über dreißig Jahre zusammen und seit einigen Jahren auch verheiratet ist, aber keinen Sex hat. Ich weiß nicht, ob sie gar keinen haben, oder nur nicht miteinander. Ich weiß nur, dass sie sich sehr lieben und nicht ohne den anderen sein möchten. Keiner von ihnen macht den Eindruck, ihm würde etwas fehlen.

Es gibt unendlich viele Formen des Zusammenlebens und des Sexuallebens. Alles, was für beide Partner in Ordnung ist, finde ich legitim. Es gibt Arrangements, bei denen einer oder beide mit stillschweigender Duldung des Partners Geliebte haben, es gibt gänzlich offene Ehen und solche, in denen die Sexualität gemeinsam mit anderen ausgelebt wird. Entscheidend ist, dass beide zufrieden sind, und sich nicht einer dem anderen zuliebe auf etwas einlässt, das ihn unglücklich macht.

Was aber, wenn ein Partner den anderen nicht mehr begehrt?

Daraus kann unendlich viel Leid und Verzweiflung entstehen, und für dieses Problem gibt es kaum befriedigende Lösungen. Begehren ist nichts, das man beschließen oder aktiv herstellen kann, und die in der einschlägigen Ratgeberliteratur gern verbreitete Vorstellung, eine Frau müsse nur in Strapsen und Reizwäsche vor ihrem erschlafften Gatten herumtanzen, um ihn wieder auf Touren zu bringen, ist ziemlich naiv. Die Probleme in diesen Fällen liegen fast immer tiefer und haben oft mehr mit demjenigen zu tun, der nicht mehr begehren kann, als mit dem, der nicht mehr begehrt wird.

Niemanden trifft in diesen Fällen eine Schuld, niemandem ist ein Vorwurf zu machen. Empfindungen können sich – auch gegen unseren Willen – verändern, aus Anziehung kann Gleichgültigkeit werden oder sogar Abscheu.

Kaum jemand hat diese Tragödie so brutal und treffend beschrieben wie der französische Schriftsteller Michel Houellebecq in seinem Buch »Elementarteilchen«: »Im April habe ich Anne einen silberdurchwirkten Strapshalter zum Geburtstag geschenkt. Erst hat sie ein wenig protestiert, aber dann hat sie sich bereit erklärt, ihn anzulegen. (…) Als ich ins Schlafzimmer kam, wusste ich sofort, dass es ein Schuss in den Ofen war. Ihre Arschbacken hingen herab, wurden von den Strapsen zusammengequetscht; ihre Brüste hatten das Stillen nicht unbeschadet überstanden. (…) Ich habe die Augen zugemacht und einen Finger unter ihren Tanga geschoben, mein Schwanz war völlig schlaff. In diesem Augenblick hat Victor angefangen, im Nebenzimmer vor Wut zu schreien – ein langes, schrilles, unerträgliches Geschrei. Sie hat sich einen Bademantel übergeworfen und ist in sein Zimmer geeilt.«

Wer von solchen Dramen verschont bleibt und die Jahre der Brutpflege übersteht, hat gute Chancen, auch alle weiteren Schwierigkeiten zu meistern. Irgendwann werden die Kinder größer, schlafen durch und leben schließlich ihr eigenes Leben. Dann hat man wieder genügend Zeit. Und hoffentlich auch Lust.

»Ihr habt noch Sex?«, fragte unsere Tochter kürzlich entsetzt, »aber, ihr seid doch schon so alt!« Ja, stimmt, uralt. 53 und 54. Aber Golfspielen macht uns einfach keinen Spaß.

Alte Leute haben (nach Meinung von jungen Leuten) keinen Sex mehr zu haben. Nur, ab wann ist man (zu) alt? Mein über neunzigjähriger Patenonkel erwiderte auf die Frage, wie oft er noch an Sex denke: »Einmal am Tag. Von morgens bis abends.« Auch die Eifersuchtsdramen unter Senioren, von denen man gelegentlich in der Zeitung liest, lassen befürchten (oder hoffen), dass die Leidenschaft langlebiger ist, als die meisten jungen Menschen denken.

Trotzdem ist die Frage unserer Tochter berechtigt. Warum sollen Menschen, die ihren Fortpflanzungsauftrag erfüllt und zwei nette Rentenzahler produziert haben, überhaupt noch Körpersäfte austauschen? Für Kinder ist die Vorstellung, dass ihre Eltern sexuelle Wesen sind, oft absurd und abstoßend. Solange sie klein sind, fangen sie instinktiv zu plärren an, wenn Mama und Papa nur an Sex denken (und erweisen sich damit als wirksames Verhütungsmittel). Wenn sie etwas größer sind, würden sie uns den Sex am liebsten verbieten. Wenn sie noch größer sind, würden wir ihnen am liebsten den Sex verbieten. Und wenn sie ganz groß geworden sind, hofft man, dass ihre persönlichen, ehelichen Konflikte einigermaßen glimpflich verlaufen und sie uns irgendwann zu Großeltern machen.

Werden wir als Großeltern noch Sex haben? Oder sollten wir dann doch besser mit dem Golfspielen anfangen?

> »Die Ehe ist eine Institution zur Lähmung des Geschlechtstriebs.«
> *Gottfried Benn*

Sex wird unterschätzt

Ich war vierzehn, als ich den Sex entdeckte. Auch wenn es noch Jahre bis zu meinem ersten Geschlechtsverkehr (das Wort klingt heute fast nach Comedy) dauern sollte, begann für mich damals die Eroberung eines geheimnisvollen Kontinents. Wie die Seefahrer und Wüstendurchquerer bereitete ich mich mit den schriftlichen Zeugnissen meiner Vorgänger, mit damals noch recht schwer zugänglichem Bildmaterial und nicht immer vertrauenswürdigen Auskünften angeblich bereits eingeweihter Klassenkameraden vor. Ich wachte mit dem Gedanken an Sex auf und schlief mit ihm ein, dazwischen dachte ich an Sex. Es ist erstaunlich, dass ich in dieser Zeit die mittlere Reife, den Führerschein und schließlich sogar das Abitur geschafft habe. Ich kann mir das nur so erklären, dass das Niveau der Prüfungen extrem niedrig war und man der Tatsache Rechnung trug, dass die meisten Prüflinge mit Wichtigerem beschäftigt waren. Auch imaginärer Sex kann ja ungeheuer ablenken und auszehren. Lernte ich ein Mädchen kennen, stellte ich mir vor, wie es wäre, mit ihr Sex zu haben. Tanzte ich mit einem Mädchen, hatte ich quasi schon Sex mit ihr. Knutschte ich mit einem Mädchen, stellte ich mir vor, wie es wäre, gleichzeitig noch mit einem, zweiten, dritten und vierten zu knutschen. Ich gebe zu, mangels Erfahrung neigte ich ein wenig zur Selbstüberschätzung. Leider erwiesen sich meine Strategien, dem großen Ziel näher zu kommen, als wenig tauglich. Die Mädchen schätzten es nicht, wenn ich frei heraus erklärte, mir gehe es nur um Spaß, nicht um Liebe. Mit der einen, in die ich jahrelang verliebt war, hätte ich übrigens auf keinen Fall Sex haben wollen. Das war mir viel zu intim. Auch mein ehrliches Wesen kam nicht gut an. »Ich heiße Peter und stelle dich mir gerade nackt vor«, war als Anbahnung ungeeignet. Trotzdem hat sich irgendwann eine schon etwas erfahrenere Frau erbarmt.

Danach ging es richtig los. Das war in der paradiesischen Zeit, in der die Pille schon erfunden, Aids noch nicht ausgebrochen und riskante alternative Verhütungsmittel wie Mondkalender und Jute noch nicht sehr verbreitet waren. Man traf sich zum Sex wie heute zu Spieleabenden. Als politisch denkender Mensch vertrat ich vehement die gut zu meinem Lebensstil passende These, dass die freie Sexualität den einzelnen Menschen und zuletzt die ganze Gesellschaft befreien würde. Und welche Frau wollte schon unfrei sein? Ich war dreiundzwanzig, als ich meinem Tagebuch den Satz Nietzsches anvertraute, dass Art und Grad der Sexualität bis in die höchste Geistlichkeit hineinreichten (womit er den Intellekt, nicht den Klerus meinte). Wenn diese Theorie stimmte, war ich ein Superintellektueller.

Dann kam Ricarda. Steckte ein Plan dahinter oder war es der Zufall der Konstellation? Ich weiß es nicht, ich weiß nur noch, wie ich mit ihr zum ersten Mal erlebte, dass Sexualität und Liebe eine Verbindung eingehen können. Ich merkte das daran, dass ich Ricarda auch unmittelbar nach dem Sex noch mochte. Und zwar auch nach der zweiten, dritten oder vierten Begegnung. Das war mein Damaskus-Erlebnis, meine wahre sexuelle Revolution, von der meine Umwelt allerdings kaum etwas mitbekam. Denn meine Entdeckung führte nicht etwa dazu, dass ich länger bei einer blieb und weniger auf der Suche war. Ich verliebte mich einfach häufiger. Und entliebte mich wieder. Ich war ständig überglücklich oder todunglücklich und hatte dabei jede Menge Sex. Nein, ich führte keine Liste, aber ich hätte es tun sollen, weil ich anfing, die Namen durcheinanderzubringen. Meine Eltern hatten mich aufgegeben. Sie prophezeiten mir, dass ich nie eine glückliche Ehe führen würde, denn dafür müsse man vor allem Enthaltsamkeit trainieren. Meine Freunde glaubten meinen Abenteuerberichten nicht mehr – manchmal trieb meine Phantasie es auch wirklich noch toller als ich.

Wie sagen Leute mit Lebenserfahrung: Jedes Böcklein hat sich seine Hörner noch irgendwann abgestoßen. Es ist ein Naturgesetz, dass die Energien schwinden. Aber das stimmt nicht, bei mir wurden sie nicht weniger, sie veränderten sich nur mit jeder neuen Begegnung. Ich war ja längst auf dem Weg und hatte erfahren, dass es Zustände gab, die erregender waren als losgelöster Sex. Sie hatten nur nie lang gedauert. Ich war neunundzwanzig, als ich »Der Mensch wird noch alles und ganz werden« in mein Tagebuch schrieb. Der Satz war von Elias Canetti und ich bezog ihn, wie fast alles in dieser Zeit, auf mich. Es sollte noch fast drei Jahre dauern, bis ich Amelie begegnete. Und das war gut so. So konnte ich noch ein wenig an mir und meiner »Utopie der Liebe« arbeiten. Was das ist? Ehrlich gesagt rede ich darüber nur ungern. Als ich nämlich einige Monate vor unserer Hochzeit in einem Biergarten meinem zukünftigen Schwager Nico meine Theorien zu Ehe und Liebe erläuterte, bekam der vor Lachen Bauchkrämpfe. Gut, er war deutlich jünger als ich, und der pragmatische Zeitgeist der späten Achtziger reagierte mit Herablassung auf jedes utopische Konzept – trotzdem kam ich mir vor wie ein Idiot. Ich hatte mich immer schon für schöne Sätze begeistert, auch wenn ich sie manchmal nicht vollständig begriff. Eines meiner Lieblingszitate stammte von Ernst Bloch, dem Philosophen der konkreten Utopie: »Es geht um den Umbau der Welt zur Heimat, ein Ort, der allen in der Kindheit scheint und worin noch niemand war.« Also strebte ich in aller Bescheidenheit danach, unsere Ehe zu einer solchen Heimat zu machen.

Mühsam das Grinsen unterdrückend fragte Nico mich, was für Strategien ich denn dafür hätte. Nun ja, sagte ich, da es eine längere Reise werden könne, müsse genau überlegt werden, was in den Rucksack kommt und was nicht. Narzissmus und Egozentrik sollten möglichst draußen bleiben, dafür umso mehr Empathie und Großzügigkeit eingepackt werden. Außerdem müsse jeder bereit sein, sich immer wieder mal auf den Prüfstand stellen zu lassen und an der Entwicklung seiner Persönlichkeit zu arbeiten. Ich merkte, dass meine Tiraden verdammt nach einem Wanderprediger klangen, aber ich konnte nicht aufhören. »Ich träume von einem heimatlichen Ort«, sagte ich, »an dem aus den scheinbar unvereinbaren Gegensätzen zwischen Mann und Frau etwas gemeinsames Neues entstehen kann – natürlich auch in sexueller Hinsicht. Dieser Ort existiert noch nicht, aber dass wir dorthin unterwegs sind, gibt uns die Kraft, aus unserer Ehe etwas ganz Besonderes zu machen.«

Ich glaube, das war der Moment, in dem Nico, der mich als Ironiker kennengelernt hatte, vor Lachen unter den Tisch rutschte. Als er wieder hochkam, erkundigte er sich vorsichtig, ob ich seine Schwester denn schon in meinen utopischen Plan eingeweiht hätte. »Noch nicht.« Er legte mir kameradschaftlich den Arm um die Schultern. »Dann warte lieber damit. Ich fürchte, sie ist noch nicht reif dafür.« Ich habe den Rat meines Schwagers beherzigt und Amelie gegenüber nur hie und da zaghafte Andeutungen über meine »Utopie« gemacht. Merkwürdigerweise hatte ich nur selten das Gefühl, dass wir auf völlig unterschiedlichen Wegen unterwegs waren. Hatte meine *realistische* Frau möglicherweise einen ganz ähnlichen geheimen Traum? Ich habe sie nie gefragt, weil sie es sowieso nicht zugeben würde. Aber es kommt mir so vor, als hätte die »Utopie der Liebe« in mehr als zwanzig Jahren unsere Ehe wie ein kleiner Hausgott beschützt, damit wir in Krisen nicht hinwerfen, die Aufmerksamkeit für den anderen nicht verlieren und unsere Wünsche und Träume nicht dem Alltag opfern. Aber, bitte behalten Sie das alles für sich. Ich möchte auf keinen Fall für einen unheilbaren Träumer gehalten werden – vor allem nicht von meiner klugen und vernünftigen Frau.

»Alle Männer sind auf der Suche nach der idealen Frau, vor allem nach der Hochzeit.«

Helen Rowland

 ## »Ich bin nur mir selbst treu.«

Interview mit Werner Baumann (52), Grundschullehrer, verheiratet, drei Töchter. Wir wollten wissen, warum Werner seit Jahren seine Frau betrügt, die Ehe mit ihr aber auch nicht aufgeben will.

Sie sind seit siebzehn Jahren verheiratet und haben eine Geliebte. Seit wann?

Seit drei Jahren.

Wie haben Sie sich kennengelernt?

Über die Arbeit. Sie ist auch Lehrerin. Ich habe sie schon länger gekannt, aber dann hat sich unsere Beziehung verändert.

Gab es dafür einen Anlass?

Eigentlich nicht. Uns war auf einmal beiden klar, dass wir mehr wollten.

Wer hat die Initiative ergriffen?

Es ist von beiden ausgegangen.

Waren Sie auf der Suche nach einer Geliebten?

Nein. Jedenfalls nicht bewusst. Ich wollte meine Frau nicht betrügen. Aber trotzdem war ich wohl bereit für eine Affäre.

In welchem Zustand war damals Ihre Ehe?

In keinem guten. Wir haben kaum noch miteinander gesprochen, sexuell lief gar nichts mehr.

Finden Sie das Wort »Geliebte« überhaupt passend? Oder ist es eine rein sexuelle Geschichte?

Nein, es geht schon um mehr. Es ist auch eine Freundschaft. Und … auch eine Liebe.

Ist Ihnen das zum ersten Mal passiert?

Nein. Ich war schon mal verheiratet und da bekam ich nach ein paar Jahren ähnliche Probleme.

Die Sexualität war eingeschlafen?

Genau.

Aber Sie waren nicht zum Verzicht bereit?

Nein, wieso denn?

Kommen wir zurück zu Ihrer jetzigen Ehe. Bei wem ist die Lust weniger geworden oder verschwunden? Bei Ihnen oder Ihrer Ehefrau?

Bei beiden. Es war zu Missverständnissen gekommen. Wer will wann wie oft und wie? Aber vielleicht war das auch die Folge von anderen Problemen. Wir haben uns zu wenig ausgetauscht, zu wenig als Paar unternommen. Es gab nur noch ein Thema: die Kindererziehung.

Haben Sie das Gefühl, dass Ihre Kinder Ihnen den Sex geraubt haben?

Meine Kinder sind wahnsinnig wichtig für mich. Ich glaube, ich kümmere mich mehr um sie als die meisten Männer. Und das mit dem Sex hätte ich schon selbst wieder hinkriegen müssen.

Zum Beispiel, indem Sie an der Kommunikation mit Ihrer Frau gearbeitet hätten?

Ich hab's versucht, aber irgendwann aufgegeben.

Und damit auch den Sex?

Ja, obwohl ich mir hätte vorstellen können, dass wir einen vom übrigen Eheleben losgelösten Sex haben, dass wir uns nur bestätigen und befriedigen und sonst jeder seinen Familienjob macht.

Da hätten Sie auch zu Prostituierten gehen können, oder?

Das kann ich nicht.

Wieso nicht?

Weil ich mehr brauche als Sex.

Ganz so losgelöst geht es also doch nicht?

Wahrscheinlich nicht.

Und dann hat Ihre Geliebte das Problem gelöst?

In der ersten Zeit auf jeden Fall. Plötzlich hatte ich wieder tollen Sex, noch dazu mit einer wahnsinnig sympathischen Frau.

Hatten Sie keine Gewissensbisse?

Nein, ich fand, das steht mir zu, ich hatte so lang keinen Sex mehr gehabt. Aber dann … Na ja, meine Geliebte dachte, dass sie schwanger ist. Da wurde mir klar, dass es eine längere und tiefere Geschichte werden kann.

Sie wollte das Kind bekommen?

Ich auch. Ich habe mir überlegt, wie wir das hinkriegen könnten, auch finanziell. Ich habe mir Unterlagen zum Elterngeld besorgt …

Sie haben nie über Abtreibung gesprochen?

Nein. Ich glaube, mein Verhalten hat dazu geführt, dass sie sich noch mehr in mich verliebt hat.

Weil Sie zu Ihrer Verantwortung stehen wollten?

Ja, genau. Plötzlich fing sie an, von einer gemeinsamen Zukunft mit mir zu träumen. Das hat sich auch nicht verändert, als sich herausgestellt hat, dass sie gar nicht schwanger war.

Wie war das bei Ihnen?

Es gab Phasen, da hätte ich mir vorstellen können, mich von meiner Frau zu trennen.

Weil Ihnen Ihre Geliebte mehr gegeben hat als sie?

Ja, ich habe mich ganz anders angenommen gefühlt. Außerdem war ich wie jung verliebt, völlig euphorisch. Auch sexuell hat es für uns keine Grenzen gegeben.

Trotzdem haben Sie Ihrer Geliebten irgendwann klargemacht, dass Sie Ihre Ehe nicht aufgeben wollen.

Nein, habe ich nicht. Ich wollte nicht riskieren, dass sie mich verlässt.

Sie haben ihr weiter Hoffnungen gemacht?

Auch nicht. Wir haben das einfach nicht angesprochen. Es war tabu. Sie hat auch nie verlangt, dass ich mich von meiner Frau trenne, obwohl sie es sich wohl wünscht und mit ihren Mittel dafür kämpft.

Mit welchen?

Mit ihrer Empathie zum Beispiel. Sie ist unglaublich, sie spürt meine geheimsten Gefühle und Sehnsüchte – nicht alle natürlich.

Das klingt schön. Trotzdem wirken Sie gestresst, wenn Sie darüber sprechen.

Es wird auch immer stressiger. Ich fühle mich regelrecht durchdrungen von ihr. In letzter Zeit versucht sie, mir auch damit Angst zu machen, dass sie gehen könnte.

Damit Sie in Panik geraten und sich für sie entscheiden.

Das wird aber nicht passieren.

Sind Sie eigentlich sicher, dass Ihre Frau nie etwas gemerkt hat?

Nein, gar nicht. Sie unterstellt mir sogar, dass ich Affären hätte.

Was für sie aber offenbar kein Grund ist, sich von Ihnen zu trennen?

Das nicht, aber angeblich der Grund dafür, nicht mehr mit mir zu schlafen.

Klingt nach einem Teufelskreis. Schläft sie mit anderen?

Weiß ich nicht. Ich will es auch nicht wissen. Das ist ihre Sache.

Was Sie drei praktizieren, könnte ja ein Modell sein. Wenn in einer Ehe der Sex einschläft, sucht man sich eine Geliebte oder einen Geliebten. Man hat wieder Sex und zerstört so die Ehe nicht. Bedingung ist, dass beide Ehepartner nicht genau hinschauen. Das klingt gut, trotzdem wirken Sie nicht glücklich.

Das kommt daher, dass ich die unausgesprochenen Wünsche meiner Geliebten nicht weiter ignorieren kann. Mir ist klar, dass sie von Zweisamkeit träumt und einer Zukunftsperspektive. Das kann ich nicht erfüllen und das zerreißt mich fast.

Sie erleben das Ganze ja zum zweiten Mal. In beiden Ehen war, wie wir es verstanden haben, die Entwicklung ziemlich ähnlich. Bei Ihren Liebschaften auch?

Es ist immer dasselbe. Irgendwann ist die Euphorie weg, dann sieht man klarer und weiß wieder, was man will und was nicht. Die starken Gefühle meiner Geliebten habe ich erst als wahnsinnig anziehend empfunden, jetzt erlebe ich sie als Druck. Meine Frau lässt mich in Ruhe, wenn ich das brauche, sie gibt mir mehr Freiheit.

Sehen Sie denn irgendeine Chance, Ihrer Frau auch körperlich wieder näherzukommen?

Ich weiß nicht, manchmal halten wir Händchen wie zwei Jugendliche. Mehr passiert nicht. Trotzdem besteht zwischen uns ein tiefes Verständnis.

Haben Sie sich manchmal gewünscht, dass Ihr Trieb schwächer wird, damit Sie Ihre Ehe nicht mehr weiter gefährden müssen?

So perverse Wünsche habe ich nicht.

Haben Sie eigentlich nie Angst gehabt, dass sich die beiden Frauen mal begegnen?

Das sind sie ja. Meine Frau hat mir was in die Schule gebracht, und meine Geliebte hat im Lehrerzimmer neben mir gesessen.

Haben Sie Angst gehabt, dass sie Sie verrät?

Ich habe eher Angst gehabt, dass meine Frau was spürt. Hat sie aber nicht.

Hat sie vielleicht doch und toleriert es.

Kann auch sein. Aber das wäre sofort vorbei, wenn ich meine Liebschaft offiziell machen würde.

Sie müssen ziemlich viel schwindeln, oder? Ist Ihnen das unangenehm?

Das müssen wir doch alle. Beziehungen brauchen Illusionen. Nur die Wahrheit hält kein Mensch aus. Ich bin sowieso niemand, der zu viel von sich preisgeben möchte. Ich rede nicht über meine Ängste und weinen würde ich nie vor einer Frau. Ich habe keine guten Erfahrungen damit gemacht, Schwäche zu zeigen. Letztlich verachten die Frauen einen dafür.

Sie haben drei Töchter. Hätten Sie Ihre Frau vor drei Jahren verlassen, wenn Sie keine Kinder mit ihr gehabt hätten?

Vielleicht. Obwohl ich meine Ehe auch wegen ihr nicht aufgeben wollte und will.

Haben Sie nie Angst gehabt, Ihre Töchter könnten von Ihrer Liebschaft erfahren?

Doch, große Angst, weil ich das auf keinen Fall möchte.

Sie sollen ihren Vater für treu halten?

Sie sollen ihn überhaupt nicht als sexuelles Wesen sehen. Weil sie damit nicht umgehen können.

Haben Sie Ihrer Frau mal ewige Treue geschworen?

Nie. Ich bin nur mir selbst treu. Das versuche ich jedenfalls.

Wie möchten Sie leben, wenn Sie mal alt sind? Mit einer Frau und einer Geliebten dazu?

Ich hätte gern viele Frauen und wäre dabei allein.

> »Sehen Sie sich um. Die meisten Ehemänner sind der Beweis dafür, dass Frauen Humor haben.«
>
> *Donna Leon*

Warum Männer und Frauen nicht zusammenpassen

(und trotzdem glücklich miteinander sein können)

Dass Frauen von der Venus kommen und Männer vom Mars darf als hinreichend bekannt vorausgesetzt werden. Und in der Tat ist es verblüffend, wie unterschiedlich die beiden Geschlechter in vielem sind. Jenseits aller Klischees à la *Frauen können nicht einparken und Männer fragen nicht nach dem Weg*, an denen – wie an allen Klischees – etwas Wahres ist, kann man diese Feststellung täglich machen.

Auch mein Mann und ich sind nicht nur als männliches und weibliches Wesen in vielem grundverschieden, sondern auch als Persönlichkeiten. Hätten wir versucht, uns bei Parship oder über ein anderes Eheanbahnungsinstitut kennenzulernen, wäre mit Sicherheit nichts draus geworden. Viel zu wenige Übereinstimmungen.

Es beginnt schon bei den Frühstücksvorlieben. Ich mag lieber Tee, Peter lieber Kaffee, und nur weil er zu faul ist, sich welchen zu machen, trinkt er mir jeden Morgen meinen Tee weg. Er bevorzugt Schwarzbrot, ich Weißbrot, er Bier, ich Wein, er liebt Rock, ich höre lieber Pop, er liest am liebsten Krimis, ich Familiengeschichten, er liebt die Berge, ich das Meer.

Als Student verbrachte er mal ein Jahr in Rom. Wann immer ich ihn in den zwanzig Jahren unserer Ehe fragte, wohin er gern fahren würde, überlegte er und sagte dann: »Nach Rom.« Er macht am liebsten jeden Tag zur gleichen Zeit die gleichen Dinge, isst die gleichen Sachen und trifft die gleichen Menschen.

Als Autor von Fernsehfilmen und Kriminalromanen ist seine Phantasie ständig unterwegs – und er am liebsten in seiner gewohnten Umgebung. Das heißt nicht, dass er nicht neugierig auf die Welt wäre – im Gegenteil. Er verschlingt jeden Morgen die Zeitung, ist ständig im Internet unterwegs und stets hervorragend informiert. Er saugt aus allem, was er liest, hört und sieht Stoff für neue Geschichten und sprudelt geradezu über vor Ideen.

Hin und wieder konnte ich ihn in den letzten Jahren überzeugen, auch mal ungewohnte Orte aufzusuchen. Aber immer, wenn es ihm an einem dieser Orte gefallen hat, schlug er beim nächsten Mal vor, doch wieder dorthin zu fahren. Einmal Rom, immer Rom.

Ich hingegen möchte ständig neue Plätze und Menschen entdecken, bin viel rastloser und schneller gelangweilt. Deshalb mache ich auch die ganze Zeit Zukunftspläne. Ich überlege heute schon, in wie vielen Jahren wir vom Land in die Stadt ziehen könnten, und welches Sofa ich für die neue Wohnung kaufen will. Ich frage mich, ob wir es riskieren können, unsere Tochter nach dem Abitur (das sie nächstes Jahr macht) nach Australien zu schicken, weil ich Sorge habe, sie könnte sich verlieben und dort bleiben wollen. Und ich rechne mir aus, an welchem Wochentag mein sechzigster Geburtstag sein wird (leider ein Donnerstag) und überlege, ob ich die Party vor- oder nachfeiern soll.

Oft genügt schon ein geringfügiger Anlass, und meine Phantasie macht die wildesten Sprünge. Nehmen wir an, ein Mädchen ruft bei uns an und möchte unseren Sohn Leo sprechen. In Bruchteilen von Sekunden bildet sich bei mir folgende Gedankenkette: *Ob er in sie verliebt ist? Vielleicht ist sie ja schon seine Freundin! Wenn es was Ernstes wird, heiraten sie vielleicht! Und dann kriegen sie Kinder! Jaaa, ich werde Großmutter!!!* Und gewissermaßen schon mit meinem Enkelkind auf dem Arm überreiche ich dem ahnungslosen Leo den Hörer.

Ebenso mühelos kreiere ich übrigens auch Katastrophenszenarien aller Art – eine Eigenschaft, die Peter schrecklich findet. Es genügt schon, dass eines unserer Kinder Husten hat, schon geht es los. *Warum hustet er/sie so viel? Habe ich nicht neulich gelesen, dass Tbc wieder auf dem Vormarsch ist? Oh mein Gott, er/sie hat sich mit Tbc infiziert! Tbc??? Das ist doch bestimmt unheilbar!* Und im nächsten Moment sehe ich mich am Grab meines Kindes stehen, dem ersten Opfer der neuen Tbc-Welle, der wir am Ende alle erliegen werden.

Ist vielleicht ganz gut, dass ich Romane schreibe. Ich würde meine Umgebung sonst mit meiner Hysterie in den Wahnsinn treiben.

Peter ist ganz anders. Er löst ein Problem nach dem anderen und weigert sich, weiter zu planen als bis, sagen wir, übermorgen. In Ausnahmefällen auch mal bis nächste Woche. Vor allem aber denkt er immer positiv. Es handelt sich bei ihm um eine Art magisches Denken, vermutlich glaubt er, dass unsere Gedanken den Gang der Dinge beeinflussen. Wenn er also ans Gelingen glaubt, steigt in seiner Vorstellung die Wahrscheinlichkeit, dass etwas tatsächlich gelingt.

Ich glaube daran kein bisschen. In meiner Vorstellung geht schief, was schiefgehen kann, und unsere Gedanken haben darauf nicht den geringsten Einfluss. Ich finde aber, dass man sich zumindest aus Höflichkeit den Anschein geben muss, die Dinge positiv zu sehen. Leute, die ständig jammern, können einem ja ganz schön auf den Geist gehen. Deshalb versuche ich, mich auch dann optimistisch zu geben, wenn ich es eigentlich nicht bin.

Die größten Unterschiede zwischen Männern und Frauen gibt es vermutlich beim Kommunikationsverhalten. Frauen lieben es, ein Problem verbal zu umkreisen, sich ihm aus immer neuen

Richtungen anzunähern und es durchzukauen wie ein zähes Schnitzel. Männer stellen genau zwei Fragen, nämlich 1) *Wo ist das Problem?* Und 2) *Wie können wir es lösen?* Alles, was danach nicht geklärt ist, wird auch nicht mehr geklärt.

Interessanterweise entsprechen wir beide hier nicht dem Geschlechterklischee. Ich bin ziemlich lösungsorientiert, während Peter in der Lage ist, auf die »weibliche Weise« zu kommunizieren – sehr zum Entzücken von Frauen, die allesamt finden, man könne so gut mit ihm reden. Dass diese Fähigkeit ihm den Ruf eines Frauenverstehers eingetragen hat, findet er allerdings nicht so toll. Von Frauen geschätzt zu werden, gefällt ihm durchaus, aber bei seinen Freunden hätte er lieber das Image eines harten Kerls.

Ich hingegen bin manchmal eifersüchtig, weil i c h doch schließlich die Frau bin, und die anderen Frauen sich gefälligst gern mit mir unterhalten sollen! Aber mit *Wo-ist-das-Problem-und-wie-können-wir-es-lösen?* kann ich bei manchen meiner Geschlechtsgenossinnen eben nicht punkten. Andere wiederum schätzen meinen Pragmatismus und spüren, dass ich trotzdem empathisch bin.

Dass genaues Zuhören nicht meine größte Stärke sei, behauptet hingegen Peter, der sich immer mal wieder über meine vorschnellen Reaktionen beklagt. Bevor er noch den Satz zu Ende gesprochen hat, glaube ich schon zu wissen, was er sagen will, und falle ihm ins Wort. Das ist natürlich eine Folge davon, dass wir uns sehr gut kennen. Trotzdem ist es ein Fehler. Wenn ich ihn aussprechen und ein bis zwei weitere Sätze anfügen lasse, werde ich tatsächlich oft überrascht und erfahre etwas Neues!

Spannend ist es auch, die Kommunikation anderer Paare zu beobachten. Von manchen kann man etwas lernen, andere sollte man sich lieber nicht zum Vorbild nehmen. Ich staune manchmal, wie manche Menschen ihren Partner mit einer beiläufigen Bemerkung herabsetzen oder über ihn sprechen, als wäre er nicht da. Wie einer das Gespräch an sich reißt, bis der andere sich immer mehr in sich zurückzieht. Oder witzige Anekdoten auf Kosten des Partners erzählt. Die Mechanismen des ehelichen Machtgerangels sind vielgestaltig und nicht immer subtil. Mit bestimmten Paaren einen Abend zu verbringen fühlt sich an, als wäre man versehentlich zwischen kriegerische Linien geraten und das Artilleriefeuer pfeife einem um die Ohren.

»Ich dachte, ich führe eine glückliche Ehe, und da kommt meine Frau daher und reicht die Scheidung ein.« Diesen Satz haben wir von einem Bekannten gehört und staunten nicht schlecht. Die Ehe dieser beiden galt als notorisch krisenhaft, und eigentlich wunderten sich alle, die das Paar kannten, warum es nicht längst getrennt war. Das Problem war, wie so häufig, dass die Frau sich zurückgesetzt, nicht genügend beachtet und lieblos behandelt fühlte. Der Mann hingegen war überzeugt, sie mäkle vielleicht hie und da mal herum, müsse aber im Grunde hochzufrieden sein, schließlich bot er ihr ein tolles Leben mit Eigenheim, Cabrio und tollen Urlaubsreisen.

Als Außenstehender blickt man fassungslos auf ein solches Kommunikationsdesaster und fragt sich, was in aller Welt da schiefgelaufen ist. Ohne zu sehr verallgemeinern zu wollen – der Fall ist nicht untypisch. Was unter einer glücklichen Ehe zu verstehen ist, darüber klaffen die Meinungen von Männern und Frauen oft weit auseinander. Männer sind meistens schon zufrieden, wenn »alles in Ordnung« ist, es keinen Streit gibt, die Sexualfrequenz stimmt, der Laden läuft. Frauen erwarten sich da wesentlich mehr. Sie wünschen sich Aufmerksamkeit, emotionale Zuwendung, gemeinsame Unternehmungen, und außer der körperlichen auch seelische Nähe. Offenbar leiden sie auch mehr unter den Defiziten einer Ehe – die Mehrzahl der Scheidungen wird von Frauen eingereicht.

Unter den Scheidungsgründen gibt es einige Klassiker, allen voran die Untreue (sofern sie aufgedeckt wird). Ein Seitensprung muss noch nicht das Ende sein, aber wenn die Affäre keine bleibt, sondern sich zu einer neuen Partnerschaft entwickelt, ist das Aus für die Ehe besiegelt. Streit über Geld ist einer der häufigsten Gründe, die zur Zerrüttung einer Ehe führen können, auch die Verteilung von häuslichen Pflichten sowie die Gestaltung der gemeinsamen Freizeit sind beliebte Streitthemen. Vor allen anderen aber rangiert – wie schon erwähnt – das Thema Sex. Sexuelle Schwierigkeiten sind fast immer Ausdruck anderer Probleme; wo Streit, Ärger und Frust herrschen, kann keine entspannte, lustvolle Sexualität entstehen. Und wo es keine entspannte, lustvolle Sexualität mehr gibt, da stauen sich Ärger und Frust noch mehr. Es ist ein Teufelskreis, aus dem viele Paare keinen Ausweg finden. Der eine sagt: »Wenn wir öfter miteinander schlafen würden, hätten wir keine Probleme«, während der andere meint: »Wenn wir keine Probleme hätten, würden wir öfter miteinander schlafen.« Und beide halten an ihrer Überzeugung fest, der Partner sei schuld an der verfahrenen Situation.

Eine gute Nachricht gibt es aber doch: Die Ehen in Deutschland halten heute länger als früher. 2009 wurden Paare im Schnitt nach 14 Jahren und vier Monaten geschieden, noch 1990 hielten Ehen nur elfeinhalb Jahre. Bei der Scheidung sind die Partner deutlich älter als zuvor, der Durchschnitt liegt heute bei 41,7 Jahren (Frauen) und 44,5 Jahren (Männer). Vor zwanzig Jahren waren beide im Schnitt sechs Jahre jünger.

Sind die Menschen also leidensfähiger geworden – oder die Ehen glücklicher? Oder haben mehr Paare erkannt, dass es sich lohnt, nicht bei der ersten Krise aufzugeben, sondern für die Annäherung von Mars und Venus zu kämpfen? Wäre schön!

»Ein Mann erwartet von seiner Frau, dass sie perfekt ist. Und dass sie es liebenswert findet, wenn er es nicht ist.«

Catherine Zeta-Jones

Szenen einer Ehe 3

Sie: Kriege ich das Feuilleton?
Er: Bin noch nicht fertig.
Sie: Wieso brauchst du immer so lange?
Er: Weil ich die Artikel lese, nicht nur die Überschriften.
Sie: Du glaubst, ich lese nur die Überschriften?
Er: Ja.
Sie: Du hältst mich also für oberflächlich?
Er: Nein.
Sie: Ich lese nur schnell. Im Gegensatz zu dir.
Er: …
Sie: Sprichst du jetzt nicht mehr mit mir?
Er: Ich dachte, ich soll das Feuilleton zu Ende lesen.
Sie: Na, dann mach doch endlich!
Er: Aber du redest ja die ganze Zeit.
Sie: Weil ich nichts mehr zu lesen habe!
Er: *(knallt ihr entnervt das Feuilleton hin)* Hier!
Sie: Du sollst nicht den Märtyrer geben! Immer stilisierst du dich zum unterdrückten Ehemann!
Er: Stimmt doch gar nicht.
Sie: Natürlich stimmt das.
Er: …
Sie: Warum kann man mit euch Männern eigentlich nicht vernünftig reden?
Er: Nenn mich nicht »euch Männer«. Ich bin nicht wie andere Männer. Mit mir kann man reden.
Sie: Aber nicht morgens.
Er: Nein, da würde ich nämlich gern Zeitung lesen.
Sie: Wenn du nur lesen würdest.
Er: Das Feuilleton hast jetzt du.
Sie: *(schiebt die Zeitung wieder zu ihm)* Wie soll ich lesen, wenn du die ganze Zeit redest?
Er: … *(vertieft sich wieder in die Lektüre.)*
Sie: Kann ich jetzt endlich das Feuilleton haben?

»Ehe: der originelle Versuch, die Kosten zu halbieren, indem man sie verdoppelt.«
George Mikes

 # Geld spielt keine Rolle? Von wegen!

Eines der Geheimnisse unserer Ehe ist, dass wir einen Ehevertrag haben. Die meisten Menschen halten eine solche Vereinbarung für den Romantikkiller Nummer eins, auch viele unserer Freunde haben befremdet reagiert, als sie davon erfuhren. Sie hängen offenbar der Vorstellung an, wenn die Liebe nur groß genug ist, spielt Geld keine Rolle. Ich hingegen glaube, dass es gut ist, Geld und Liebe nach Möglichkeit auseinanderzuhalten.

Auf unser tägliches Zusammenleben hat der Vertrag sowieso keine Auswirkungen – jeder hat sein eigenes Konto, wir haben ein gemeinsames Haushaltskonto, und unser Haus gehört uns zu gleichen Teilen. Das Einkommen bei Freiberuflern ist schwankend, deshalb herrscht bei uns die Regel, dass immer derjenige mehr in die gemeinsame Kasse zahlt, der gerade mehr verdient.

Unser Ehevertrag ist also eigentlich ein Scheidungsvertrag – erst in diesem Fall würde er nämlich zum Einsatz kommen. Wenn es so weit käme, könnte jeder seine Sachen nehmen und gehen. Wir haben gegenseitig auf Unterhalt verzichtet, der für die Kinder ist ja ohnehin gesetzlich geregelt. Es gäbe keine Streitereien ums Geld, kein Sich-arm-Rechnen, um sich vor Zahlungen zu drücken, keine Ansprüche des einen gegenüber dem anderen. Warum auch? Wir hatten in all den Jahren unserer Ehe gleiche Belastungen und gleiche Chancen, keiner schuldet dem anderen etwas.

Ich bleibe also nicht bei meinem Mann, weil ich aus wirtschaftlicher Abhängigkeit bleiben muss, sondern ich entscheide mich jeden Tag von Neuem für ihn. Das Thema Geld ist nicht auf ungute Weise mit unserer Beziehung verquickt, ich muss kein schlechtes Gewissen haben, weil ich Geld für mich ausgebe, für das er gearbeitet hat – ich verdiene mein Geld selbst und mache damit, was ich will. Für mich ist dieses Gefühl von Unabhängigkeit unbezahlbar.

Es ist seltsam, dass so viele Leute die vertraglich geregelte Gütertrennung ablehnen, denn auch der gesetzliche Güterstand, in dem die meisten Paare leben, sieht eine Trennung der Vermögen vor – keiner muss also das vor der Hochzeit von der Oma geerbte Häuschen nach einer Scheidung mit dem Ex-Partner teilen. Lediglich der während der Ehe erwirtschaftete Zugewinn wird bei einer Scheidung aufgeteilt.

Diese Regelung geht auf das Prinzip der Versorgerehe zurück, in der die Frau ihren Beruf aufgibt, sobald sie verheiratet ist, und fortan das Geld ausgibt, das ihr Mann verdient. Auch auf die Gefahr hin, mich unbeliebt zu machen: Ich halte das für kein gutes Modell. Eigentlich ist die gesellschaftliche Entwicklung auch längst weiter. Vierzig Jahre Emanzipationsbewegung sind ja nicht spurlos an uns vorübergegangen, die Mehrzahl der verheirateten Frauen und Mütter arbeitet heute – und die meisten nicht (oder nicht nur), weil sie wollen, sondern weil sie müssen. Für eine erstaunliche Anzahl von Frauen scheint das altmodische Versorgermodell aber immer noch attraktiv zu sein – je mehr der Ehemann verdient, desto attraktiver.

Natürlich gibt es Phasen in einer Ehe – wenn ein Kind noch sehr klein ist oder bei einem der Partner eine berufliche Krise eintritt –, in der jeder selbstverständlich für den anderen aufkommen sollte. Eine solche Phase darf durchaus auch mal länger dauern. Ich glaube aber, dass es für alle – die Frau, den Mann und die Kinder – besser ist, wenn Frauen ihren Beruf nicht völlig aufgeben, sondern wenigstens Teilzeit (wenn die Kinder größer sind, auch wieder Vollzeit) weiterarbeiten. Dadurch bleiben die Ehepartner auf Augenhöhe. Geld ist Macht, und wenn Frauen auf ein eigenes Einkommen verzichten, zementieren sie überkommene Machtverhältnisse. Außerdem: Was ist das für eine volkswirtschaftliche Verschwendung, wenn gut ausgebildete Frauen nach der Geburt des ersten (oder spätestens zweiten) Kindes ihren Beruf aufgeben! Ein Medizinstudium kostet den Staat an die 200 000 Euro – und viele der Absolventinnen üben ihren Beruf nicht oder nur kurz aus, um stattdessen zu Hause Brei zu kochen und Legosteine aufzuräumen. Und nicht zuletzt: Ich finde, eine berufstätige Frau ist auch eine interessantere Partnerin.

Ich bin überzeugt, dass viele Ehen mit herkömmlicher Rollenverteilung daran kaputt gehen, dass die Ehepartner sich im Lauf der Zeit voneinander entfernen. Wenn Männer sich überwiegend im beruflichen Bereich bewegen, während der Radius ihrer Frauen sich auf das Bermudadreieck Wohnung-Supermarkt-Spielplatz beschränkt, klaffen die Erlebniswelten immer mehr auseinander. Der Wahrnehmungskosmos von Vollzeit-Müttern ist zwangsläufig begrenzt, und ich würde es als Mann nur mäßig spannend finden, wenn meine Partnerin ausschließlich Erlebnisse aus dem Dunstkreis gefüllter Windeln, wackelnder Zähne oder lustiger Kinderstreiche zu erzählen hätte. (Ich würde übrigens auch keinen Hausmann wollen, das ist das Gleiche in Grün.)

Um eines klarzustellen: Familienleben hat einen hohen Stellenwert für mich, und die Erziehung von Kindern halte ich für eine überaus wichtige und wertvolle Aufgabe, der auch ich mich mit Leidenschaft gewidmet habe und widme. Ich glaube aber, dass es ein Fehler ist, wenn Frauen sich ausschließlich darauf konzentrieren. Die Kinderphase ist begrenzt (bei der heutigen Lebenserwartung auf rund ein Viertel der gesamten Lebenszeit), und man tut gut daran, für die Zeit danach vorzubauen. Viele Beziehun-

»Die Frau muss verstehen lernen, dass der Beruf für den Mann einen wesentlichen Teil des Lebens bedeutet. Je männlicher der Mann ist, desto intensiver wird er sich seinem Beruf widmen und versuchen, darin eine gewisse Vollkommenheit zu erreichen. Das ist für ihn so natürlich, wie es für die Frau natürlich ist, Kinder zu bekommen.«

Theodor Bovet, Die Ehe, ihre Krise und Neuwerdung, 1948

gen geraten in die Krise, wenn die Kinder aus dem Haus gehen, die Eheleute den Fokus ihrer Wahrnehmung wieder aufeinander richten – und feststellen, dass sie sich über die Jahre, in denen jeder sein eigenes Leben gelebt hat, aus dem Blick verloren haben. Wenn eine Frau sich in all der Zeit ausschließlich über ihre Kinder definiert hat, kann sie jetzt in ein verdammt tiefes Loch fallen.

Wir Mütter müssen uns von der Vorstellung lösen, wir selbst seien immer und jederzeit der beste Umgang fürs eigene Kind. Nein, Kinder profitieren davon, wenn sie mehr als eine Bezugsperson haben und frühzeitig mit anderen Menschen in Kontakt kommen, sofern die Beziehung zu den nächsten Bezugspersonen liebevoll und zuverlässig ist. Nicht die Menge der Zeit, die wir mit unseren Kindern verbringen, ist entscheidend, sondern die Qualität.

Kinder profitieren übrigens auch von einer Mutter, deren Denken nicht nur ums Einkaufen, Kochen und Bügeln kreist. Wie viele geistige Fähigkeiten liegen brach, weil Frauen sich selbst so reduzieren! Wenn der Nachwuchs älter wird, leidet außerdem die Glaubwürdigkeit einer Mutter, die ihren Sprösslingen gute Schulnoten abverlangt, um deren berufliche Aussichten zu verbessern, während sie selbst sich mit dem Leben als Hausfrau begnügt. Sie wird zur Rundum-Dienstleisterin ihrer Kinder, und diese Rolle ist, insbesondere bei Pubertierenden, nicht gerade dazu geeignet, den Respekt und die Wertschätzung für die Mutter zu erhöhen.

Vor Kurzem hörte ich, wie eine Freundin ihre 15-jährige Tochter bat, ihr Zimmer aufzuräumen – sie würde es nämlich nicht machen. »Wieso eigentlich?«, gab das Mädchen herablassend zurück, »du hast doch sonst nichts zu tun«.

Das Schlimme ist: Das Gör hat recht.

Noch wichtiger als während der Ehe ist die Berufstätigkeit für Frauen nach einer möglichen Scheidung: Das neue Unterhaltsrecht zwingt sie deutlich früher als bisher, wieder selbst Geld zu verdienen, statt sich auf die Unterhaltszahlungen des Exmannes zu verlassen. Aber welche Frau, die seit fünfzehn, zwanzig oder mehr Jahren nicht mehr berufstätig ist, hat auch nur den Hauch einer Chance auf eine qualifizierte Beschäftigung?

Ich erinnere mich, wie demütigend ich es fand, dass meine Mutter meinen Vater um Haushaltsgeld bitten musste. Damals habe ich den Entschluss gefasst, niemals finanziell von einem Mann abhängig zu sein. Wie viele unglücklich verheiratete Frauen bleiben bei ihren Männern, dulden deren Geliebte oder lassen sich andere Demütigungen gefallen, weil sie Angst vor dem finanziellen Absturz nach einer Scheidung haben. Hätten sie ihren Beruf nicht aufgegeben, könnten sie erhobenen Hauptes gehen.

Mein Mann und ich waren uns von Anfang an einig, dass wir Erwerbsarbeit und Familienarbeit gleichberechtigt teilen wollten. Oder besser gesagt: Ich ließ keinen Zweifel daran, dass ich es so wollte, und meinem Mann blieb nicht viel anderes übrig, als zuzustimmen. Ich vermute, dass es in den letzten zwanzig Jahren Momente gab, in denen er sich nach einer gemütlich-altmodischen Ehe mit klarer Rollenverteilung gesehnt hat. Im Rückblick räumt er ein, dass unser Lebensmodell zwar anstrengender ist als das traditionelle, aber eben auch lebendiger, vielseitiger und intensiver. Mein Mann hat fast ebenso viel Zeit mit unseren Kindern verbracht wie ich, und er hat eine ungleich engere Beziehung zu ihnen als viele andere Väter.

Mein Mann sieht das mit dem Ehevertrag übrigens anders. Er wollte keinen. Als »Utopist der Liebe« findet er die Vorstellung großartig, sich mit Haut und Haar und allem, was ihm gehört, in eine Liebe zu stürzen, denn wenn diese Liebe endet, zählt alles andere ohnehin nicht mehr. Er wäre bereit, mir alles zu schenken, was er besitzt, und wenn er mich verließe, würde er vermutlich gehen, ohne einen einzigen Gegenstand aus unserem gemeinsamen Haushalt mitzunehmen.

Ich finde, er kann ganz schön froh sein, dass ich so rational bin. Einen Romantiker wie ihn muss man wirklich vor sich selbst schützen!

Anmerkung des Ehemanns:

Jetzt ist es also doch passiert. Irgendjemand hat den Mund nicht halten können und meine »Utopie der Liebe« ausgeplaudert. Oder hat Amelie mich von Anfang an durchschaut? Vielleicht in dem Moment, als ich beim Notar während der Verlesung des Ehevertrags ein Gesicht machte, als würde gerade das Todesurteil für unsere Liebe verkündet. Ich weiß, diese Regelung ist sehr vernünftig, trotzdem war sie mir zuwider. Ich hätte mit der Eheschließung so gern dokumentiert, dass ich ein furchtloser Held bin. Ich hätte alles eingesetzt, was ich habe (es war zugegeben nicht viel). Ich hätte sogar einen Vertrag unterschrieben, in dem die Scheidung ein für allemal ausgeschlossen wird. Vermutlich hatte ich die magische Vorstellung, unsere Verbindung würde umso haltbarer, je mehr wir für sie riskierten. Regelungen für den Eventualfall und jede Art von Absicherung widersprachen meiner Bereitschaft zum Absoluten. Amelie meint, man muss mich vor mir selbst schützen. Wahrscheinlich hat sie recht. Weil sie fast immer recht hat. Trotzdem soll sie wissen, dass mir für sie kein Risiko zu hoch gewesen wäre.

»Die gefährlichste Klippe im Leben eines Künstlers ist die Heirat, besonders eine sogenannte glückliche Heirat.«
Anselm Feuerbach

»Ich finde heiraten immer noch unvernünftig!«

Interview mit Christine Kaffka (58), Autorin, und Julius Levy (60), Künstler, eine erwachsene Tochter. Die beiden sind seit 43 Jahren ein Paar, haben aber erst vor Kurzem heimlich geheiratet. Wir wollten wissen, warum.

Wie habt ihr euch kennengelernt?

C: In einem kleinen Ort zwischen Aachen und Düsseldorf.

J: Dem möchte ich widersprechen. (*Beide lachen.*) Wir trafen uns regelmäßig im Bus, wir waren laut, es wurde geraucht und gekifft, die Stimmung war wie in der Kneipe. Komischerweise hat niemand Anstoß daran genommen, nicht mal der Busfahrer …

Was war der erste Eindruck, den ihr voneinander hattet?

C: Mein erster Eindruck war, dass er ein lieber Mensch ist, anders als die anderen. Ich hatte spontan Vertrauen zu ihm.

Und dein erster Eindruck, Julius?

J: Christine passte da gar nicht rein, sie war so was von anständig, rauchte und kiffte nicht, beobachtete aber alles mit scharfem Blick. Ich war echt erstaunt, als ich merkte, dass sie sich für mich interessierte.

Wie ging es dann weiter?

C: Wir haben uns verabredet, und Julius schleppte mich in Düsseldorf in Bars und Kneipen, in die ich alleine niemals gegangen wäre. Das war mir dann schon ein bisschen unheimlich, aber ich hatte keine Angst, sondern in diesem Moment das sichere Gefühl, dass jetzt mein neues Leben beginnt.

J: Ich wäre damals durch niemanden auf der Welt zu bremsen gewesen bei dem, was ich wollte, und das hat sich auch auf Christine bezogen. Ich fand sie unheimlich attraktiv.

Ihr habt dann gemeinsam auf der Werkkunstschule in Düsseldorf studiert.

J: Morgens sind wir immer mit dem ersten Bus gefahren, um aus unserem Kaff rauszukommen. Wir waren damals beide noch ungebildet und haben dann gemeinsam unsere Entdeckungsreise in die Welt gemacht, auch gewissermaßen unsere »Menschwerdung« erlebt.

C: Wir haben uns aber auch einzeln weiterentwickelt und waren nicht immer einer Meinung. Einig, uns sofort zu trennen, waren wir 1976, nachdem wir Pina Bauschs Tanztheaterstück »Kontakthof« gesehen hatten. Uns war schlagartig klar geworden, was man dem anderen auch mit größtem Respekt unbewusst zumutet. Wir waren so selbstlos verliebt, dass jeder den anderen unbedingt schonen, ihm seine Allüren ersparen wollte. Dann war die Liebe aber doch größer als die Einsicht, und wir blieben zusammen.

Habt ihr auch zusammen gearbeitet?

C: Ja, für unser gemeinsames Kunstprojekt. Er als eigensinniger, doch recht introvertierter Künstler und ich als Managerin. Mir hat die Kommunikation mit Sammlern, Galeristen und anderen Künstlern irrsinnigen Spaß gemacht. Wir waren ein wirklich gutes Team. Als Julius mal gefragt wurde, ob er nicht in eine der reichsten europäischen Industriedynastien einheiraten wolle, hat uns das eher amüsiert.

Ihr seid dann gemeinsam nach New York gegangen, obwohl Christine ein interessantes und lukratives Jobangebot hatte. Zu diesem Zeitpunkt wart ihr in dem Alter, in dem andere Leute heiraten und eine Familie gründen. War das nie ein Thema zwischen euch?

C: Irgendwann wollte ich plötzlich unbedingt ein Kind haben. Ich wusste, dass das mit unserem Kunstprojekt sehr schwer vereinbar sein würde und so war ich in dieser Kunstszene, in der wir steckten, auch die erste, die eines bekam. Aber ich wollte dieses Kind so, dass mir alles andere absolut egal war und irgendwie ging es dann doch. Bei Ausstellungseröffnungen war das winzige Kind der Star. Die Sammler und Künstlerkollegen waren entzückt, aber dann traf genau das ein, wovor sich alle gefürchtet hatten: Ihre Frauen wurden schwanger.

Aber Julius wollte eigentlich kein Kind. Wie hast du ihm deinen Wunsch nahegebracht?

C: Er behauptet, ich hätte ihn vergewaltigt.

J: Es war so, dass ich zu diesem Zeitpunkt in ziemlich ungewöhnlichen Situationen gearbeitet habe. Einmal bin ich bei dem Versuch, mit der Bewegung der Äste im Sturm zu zeichnen, abgestürzt. Dabei habe ich mir die Rippen angebrochen und wie ich da so hilflos im Bett lag ... (*Beide lachen*). Nein, im Ernst, das war eine der Lockerungsübungen meines Lebens. Alle haben mir gesagt, dass ich ein Rabenvater sein würde, die Familie vermasseln und das Kind versauen würde. Deshalb habe ich zu Christine gesagt: Okay, das Kind soll kommen, aber ich kann mich nicht darum kümmern.

Ganz schön hart! Warst du nicht sauer, Christine?

C: Nein, überhaupt nicht. Die Absprache war ja klar: Ich wollte dieses Kind. Und er wollte dieses Kind ja dann auch – und wie. Später.

J: Ich habe den Sog unterschätzt, den so ein außerirdisches Wesen in meinem Nahbereich auf mich ausübt. Auch konnte ich mich als im Grunde verantwortungsvoller Mensch dieser eigentlich extremen Verantwortung einfach nicht entziehen. Das wusste ich vorher, deshalb wollte ich ja keines. Und dann habe ich mich eben doch gekümmert, bin mit ihm in die Krabbelgruppe, hatte es mit mir im Atelier … Zeitweise war ich mehr mit Stella zusammen als Christine.

Du bist also einer dieser Männer, die man ein bisschen zu ihrem Glück zwingen muss?

J: Dass die Entwicklung so glücklich verlaufen würde, war ja nicht absehbar. Und mir war ganz wichtig, dass Christine weiter arbeiten kann. Ich habe ihr manchmal, bevor sie losfuhr, Zettelchen hingelegt, die sie unterschreiben sollte. Darauf stand: »Hiermit verspreche ich, dass ich nie in meiner Mutter- und Hausfrauenrolle aufgehen werde!«

C: Ich liebe seine absurden Übertreibungen.

Ist irgendwann die Frage aufgekommen, ob ihr nicht vielleicht heiraten könntet?

C: Durch die bevorstehende Geburt wurde das Thema aktuell, denn es war damals ja so, dass der uneheliche Vater keinerlei Rechte hatte. Wenn ich bei der Entbindung gestorben wäre, hätte Julius auf dieses herrliche Kind verzichten müssen und das Kind auf den Künstler-Vater. Daraufhin haben wir einen Riesenaufstand veranstaltet, einen befreundeten Anwalt konsultiert …

J: … und dem ist es zum ersten Mal in Deutschland gelungen, ein gemeinsames Sorgerecht durchzusetzen, und vor allem, dass Stella meinen Namen trägt!

C: Ich musste das Jugendamt ausschalten, einen Amtspfleger bestellen und dann notariell mit einer Urkunde beglaubigen, dass ich am Soundsovielten mit dem und dem Geschlechtsverkehr hatte und das zu gebärende Kind voraussichtlich am Soundsovielten geboren wird … das hat mich alles reichlich genervt. Das einzige, was mir gefiel, war die Szene beim Notar: Ich saß hochschwanger zwischen zwei kichernden Künstlern und dem werdenden Vater, während der Notar den Inhalt der sogenannten Bestallungsurkunde verlas, was sich für mich eindeutig nach »Kuhhandel« anhörte.

Wäre es nicht bedeutend einfacher gewesen, zu heiraten?

C: Für mich wäre es einfacher gewesen. Auf Reisen zum Beispiel musste ich ständig umständlich nachweisen, dass ich mein Kind mit dem anderen Nachnamen nicht gestohlen habe.

Und warum wolltest du um keinen Preis heiraten, Julius, sondern hast lieber Christine all das zugemutet?

J: Weil das für mich ein unmögliches Konzept ist, dass man eine Institution braucht, um ein gemeinsames Leben zu führen. Ich habe durch meine Arbeit ein großes Autonomiebedürfnis entwickelt und grundsätzlich kein materielles Interesse. Ich brauche keine staatlichen Krücken. In dem Moment, in dem man heiratet, hilft einem der Staat, das formal auf eine bessere Ebene zu stellen. Aber Bindungshilfe in Anspruch zu nehmen, ist für mich was ganz Schreckliches.

Gibt es nicht diesen romantischen Aspekt für dich, Julius, dass du dich vor aller Welt zu der Frau bekennst, die du liebst, indem du sie heiratest?

J: Nee, das ist richtig ekelhaft! (*Alle lachen.*) Die Wahrheit ist doch die, dass man das viel besser in jedem Moment machen kann. Heiraten wird oft als Alibi benutzt. Man macht es einmal, und danach lässt man das Ganze oft den Bach runtergehen, je nachdem welchen Charakter man hat. In dem Moment, wo ich den Rollstuhl in Anspruch nehme, verlerne ich das Gehen.

Aber es gibt doch Paare, die verheiratet und trotzdem nicht mit dem staatlichen Rollstuhl unterwegs sind!

J: Das war damals in meiner Wahrnehmung nicht so. In meinem Umfeld habe ich mehr unglückliche Ehepaare gesehen als glückliche.

Was gab es noch für Gründe für deine vehemente Ablehnung der Ehe?

J: Ich habe mich immer als Misfit empfunden, als jemand, bei dem nichts passt. Für mich war ganz wichtig, dass ich nur aus mir heraus eine neue Welt, eine neue Wirklichkeit erfinden kann. Ich brauche das Gefühl, dass ich alles schaffen, alles selber machen kann. Ich misstraue allem, das sich zu stark konfiguriert, ich bevorzuge offene Systeme. Dazu gehörte auch die Ablehnung des Wohlfahrtsstaates. Ich wollte nicht mal das Kindergeld für Stella nehmen.

Hat das auch etwas mit deinem Selbstverständnis als Künstler zu tun?

J: Durchaus. Irgendwann habe ich meinen Führerschein, meinen Flüchtlingsausweis, meinen Personalausweis, meinen Reisepass und den Wehrpass vergraben und zum Kunstwerk transformieren lassen: 'ne Art Wurmkur mit Wurzelbehandlung für bedeutungsgeladenes Papier und Stempelfarbe.

Christine, hast du Julius' Weigerung, zu heiraten, als Zurückweisung empfunden?

C: Nein. Nur, wenn er mich bei formellen Vorstellungsritualen als »meine Lebensgefährtin« oder »meine Freundin« vorgestellt hat, das fand ich kränkend. Das hat alles so einen fast entschuldigenden »Vorübergehend«-Touch. Am phantasievollsten fand ich aber: »… die Mutter meiner Tochter«.

J: Freundin ist doch toll! Jemandem ein Freund zu sein setzt doch konstruktive Kritikfähigkeit und gegenseitige Achtung voraus. Mit Freund oder Freundin eine Beziehung zu leben, die man immer auch infrage stellt, und daraus Liebe zu gewinnen, ist etwas Schönes! Das hat für mich einen größeren Wert, als »meine Frau« zu sagen.

Wie kam es denn dazu, dass ihr nach fast vierzig Jahren doch noch geheiratet habt?

C: Mir wurde eines Tages klar: Wenn mir was passiert, muss Stella sich mit meiner furchtbaren Verwandtschaft, in die ich aus Versehen hineingeboren bin, herumschlagen. Die würden Ansprüche erheben auf das Haus, auf die Rechte meiner Bücher, und Julius hätte gar nichts zu melden. Umgekehrt war auch die Frage: was passiert mit seinen Bildern, seiner Kunst? Und da dachte ich, man könnte doch jetzt einfach mal heiraten, das spielt doch überhaupt keine Rolle.

Aber du wusstest, dass Julius bei diesem Thema komplett allergisch reagiert.

C: Ich musste ihm versprechen, dass absolut niemand etwas davon erfährt. Am Tag der Trauung brachte unsere Treuzeugin mir Blumen mit. Ich versteckte sie schnell, damit bloß niemand merkte, dass wir im Begriff waren, das Unglaubliche zu tun: zu heiraten!

Julius, du hast dich so lange geweigert, nun hast du – aus praktischen Erwägungen – schließlich doch nachgegeben. Hat sich denn seither irgendwas verändert?

J: Nein, ich habe keinen praktischen Erwägungen nachgegeben, eher meiner bedeutungsgeschwängerten Haltung. Ich finde heiraten immer noch unvernünftig, aber ich lebe ja mehr und mehr mit der Vernunft in wilder Scheidung und – ja genau – mit den Verrücktheiten der Freunde in hoffnungsvoller Liebe. Eine Beziehung mit oder ohne Staatsvertrag, in der die Partner möchten, dass es erst mal dem anderen besonders gut geht, hat eine gute Basis. Man erwartet nichts und bekommt in diesem Freiraum viel zurück. Das ist ein schönes Gefühl – jeden Moment.

»Ich glaube nicht, dass verheiratete Männer länger leben als ledige. Es kommt ihnen nur länger vor.«
Anonym

Warum es toll ist, mit einer emanzipierten Frau verheiratet zu sein – aber nicht immer

Meine Frau ist so lieb! Jeden Morgen weckt mich würziger Kaffeeduft, der sich mit dem Geruch frischen Baguettes und Wachauer Marillenmarmelade mischt. Aus der Küche weht leise Musik herüber: »Je t'aime« von Jane Birkin und Serge Gainsbourg. Sie nähert sich auf Zehenspitzen meinem Bett. Ich schließe schnell die Augen, weil ich es liebe, von ihr wach gestreichelt zu werden.

»Hoffentlich habe ich dich nicht zu früh geweckt, Liebling«, sagte sie, »sicher hast du wieder bis spät in die Nacht gearbeitet.« Sie reicht mir den Morgenmantel und hilft mir in die von ihr gehäkelten Hausschuhe. Wenn ich beim Frühstück den schön gedeckten Tisch und den noch schnell gepflückten Wiesenblumenstrauß lobe, errötet sie. Mein Platz ist der mit der besten Aussicht in den akkurat gepflegten Garten. Sie reicht mir die Zeitung. Selbstverständlich schweigt sie, solange ich mich mit internationaler Politik und Kultur befasse. Das Frühstücksei hat sie warm gehalten, es ist wachsweich, den Schinken hat sie bei einem italienischen Feinkostladen in der nächsten Kleinstadt geholt.

Meine Frau weiß, dass ich als kreativer Mann nicht durch die

Banalitäten des Alltags belastet werden darf. Zum Beispiel ist es für mich eine Qual, Kleidung einzukaufen. Zum Glück kennt sie meinen Geschmack und natürlich auch meine Konfektionsgröße. Zweimal im Jahr macht sie einen Streifzug durch die Läden. Durch beharrliches Verhandeln hat sie erreicht, dass man ihr Anzüge, Hosen und Hemden mitgibt. So kann ich alles in den eigenen vier Wänden anprobieren.

Die Erziehung unserer Kinder habe ich ganz meiner Frau überlassen. Manchmal gerate ich in Verlegenheit, wenn jemand mich mit zu detaillierten Fragen nach Paulina und Leo überfällt – nach ihren Geburtstagen zum Beispiel. Aber meine Frau hilft mir immer aus der Patsche. Mit ihr habe ich das große Los gezogen und bin nur traurig, nicht offen von ihren Qualitäten schwärmen zu können – ich würde meine Freunde verlieren, die unsere Ehe jetzt schon voller Neid betrachten.

So habe ich mir das heute Morgen ausgemalt, als Amelie mir kommentarlos einen Zeitungsartikel mit der Schlagzeile »Trend geht zu osteuropäischen und asiatischen Frauen« über den Tisch und mein Leberwurstbrot schob. Ich hatte schon länger darauf gewartet, dass sie endlich mit der internationalen Politik und Kultur fertig würde, und war dankbar, nun wenigstens über deutsche Männer lesen zu dürfen, die keine deutschen Frauen mehr heiraten wollen, weil diese ihnen zu emanzipiert sind. Ich erfuhr, dass Ukrainerinnen weniger ichbezogen sind. Sie würden ihren Mann unter keinen Umständen mit der Lokalberichterstattung abspeisen. Die Frage, wer morgens welchen Teil der Zeitung zuerst lesen darf, ist eines der großen Probleme in gleichberechtigten Partnerschaften – zumindest wenn beide gern mit der Titelseite beginnen. Amelie und ich könnten uns darauf einigen, dass der Klügere das erste Zugriffsrecht hat, aber da jeder von uns sich insgeheim für etwas intelligenter als den anderen hält, ist auch das keine praktikable Lösung. Früher haben wir uns abgewechselt, aber seit einiger Zeit nimmt Amelie sich selbstverständlich das erste Buch der *Süddeutschen*.

Das kommt daher, dass ich die These aufgestellt habe, Frauen hätten im Gegensatz zu Männern keine natürliche Begabung für Politik. Amelie hat nur trocken gekontert, »bei fehlender natürlicher Begabung ist der Bildungsbedarf größer«, und mir die Politik aus der Hand gerissen. Seither ist mir keine Rückeroberung gelungen, weder durch Bitten noch durch Überredung. Da ich Amelie körperlich überlegen bin, könnte ich mit Gewalt drohen: »Her mit der Politik oder es setzt was!« Aber das würde Amelie als Kabarett deuten und in Gelächter ausbrechen. So ist das mit einer emanzipierten Frau.

Sobald sie mit der Lektüre fertig ist, soll auch ich zu lesen aufhören, weil wir über die Verteilung der täglichen Aufgaben sprechen müssen. Erst sagt jeder, wie sehr er unter Stress steht, dass er einen Text fertig schreiben und mindestens zehn wichtige Telefonate führen muss. Dann erklärt sich jeder seufzend bereit, ein Kind von der Schule abzuholen oder einkaufen zu gehen oder das andere Kind zum Arzt zu bringen oder den Müll zum Wertstoffhof. Wir besitzen beide ein ausgeprägtes Gerechtigkeitsgefühl, merken sofort, wenn einer benachteiligt oder bevorzugt wird und bemühen uns um Ausgleich. Das fällt uns manchmal nicht leicht, weil wir unsere Arbeit lieben. Aber wir lieben auch unsere Kinder – und trotz des Kampfs um die Zeitung – immer noch uns.

Als ich Amelie geheiratet habe, ging der Trend zwar noch zur deutschen Frau, trotzdem wurde ich gewarnt. Es könne anstrengend werden mit einer wie ihr, meinten manche Ratgeber. Tatsächlich stellte Amelie vom ersten Tag an jedes althergebrachte männliche Privileg auf den Prüfstand.

Das Chauffeusenprivileg, zum Beispiel. Ich lernte schnell, dass man in der gleichberechtigten Ehe vorher ausmacht, wer trinkt und wer fährt, und dass man sich dabei möglichst abwechseln sollte. Oder das Sexprivileg. Meine Mutter hatte mir erklärt, eine brave Ehefrau sei allzeit bereit. Mit so was müssen Sie mal Amelie kommen! Sie sei doch keine Pfadfinderin, erklärte sie mir, und seither herrscht auch beim Sex Gleichberechtigung. Oder das Ernährerprivileg. Als ich Amelie kennenlernte, war sie beruflich bereits etabliert, ich hingegen noch ein wenig beschäftigter und unterbezahlter Drehbuchautor. Doch sie fand es nicht wichtig, wie gut ich verdiene, sie hatte auch so Respekt vor meiner Arbeit. Und wenn es darum ging, der Kinder wegen auf wichtige berufliche oder gesellschaftliche Termine zu verzichten, musste jeder von uns zurückstecken.

Da ich nicht frei von männlichem Stolz bin, litt ich anfangs darunter, nicht wie mein Vater den großen Ernährer spielen zu dürfen. Bald aber wurde mir klar, was es bedeuten würde, als Autor die alleinige finanzielle Verantwortung für eine Familie zu tragen. Einige meiner mit viel Risiko verbundenen Herzensprojekte wären wohl nie realisiert worden.

Überhaupt stellte sich heraus, dass der Verlust alter Privilegien oft einen Gewinn an anderer Stelle bedeutete. Amelie beglückt mich zwar selten mit einem wachsweichen Ei zum Frühstück, ist aber emanzipiert genug, dass nichts ihre Lust am Kochen bremsen kann – nicht einmal der Verdacht, in ein weibliches Rollenmuster zu verfallen. Für ihre köstlichen Gerichte verzichte ich gern auf alle Überraschungseier dieser Welt.

Vermutlich hatte es auch positive Folgen für meine charakterliche Entwicklung, dass Amelie mich dazu zwang, Bekleidungsgeschäfte zu betreten – und das allein! Von Anfang an hat sie darauf geachtet, dass ich meine Ticks nicht pflege. Sie findet mich auch so unterhaltsam genug.

Meine Ratgeber haben recht behalten. Es ist wirklich anstrengend mit einer emanzipierten Frau wie Amelie. Sie haben sich nur getäuscht, wenn sie dachten, das würde mich unglücklich machen. Offenbar gibt es unterschiedliche Formen von Anstrengung in der modernen Ehe. Es muss die Hölle sein, wenn zum Beispiel immer wieder dieselben typischen, längst langweiligen Geschlechterkonflikte auftreten (*er* spricht zu wenig, *sie* gibt zu viel Geld aus) und keine Lösung in Sicht ist. Oder wenn ein einzelner, armer Mann in seiner Ehe Wiedergutmachung für das von Männern über Jahrhunderte verbrochene Unrecht leisten soll. Die Anstrengung, für die Amelie sorgt, ist nicht frustrierend, sondern fordernd. Sie schaut bei Problemen nicht weg, sondern spricht sie an und bringt mich dazu, mit ihr über Lösungen nachzudenken. Sie ist offen für Kritik und zu Verhaltenskorrekturen bereit. Dasselbe verlangt sie von mir. So war unsere Ehe immer eine Herausforderung, aber eine, die uns zu zweit auf jeden Fall weiter gebracht hat, als wir alleine gekommen wären. Und daran sollte man jede Ehe messen: ob sie den Raum schafft, in dem zwei Menschen sich weiterentwickeln können.

Ach ja, die Sache mit der Zeitung. Ich hatte vergessen zu erzählen, dass ich mit einer Frau verheiratet bin, die mir bei Bedarf sofort eine Zusammenfassung der aktuellen politischen Ereignisse liefert, samt Analyse und Lösungsvorschlägen. Wozu brauche ich den ersten Teil? Ich spare eine Menge Zeit, wenn ich Amelie zu meiner Korrespondentin mache, und kann mich ganz auf meine kleine lokale Welt konzentrieren. »Bauer aus der Jachenau setzt ukrainische Ehefrau im Wald aus. Sie war ihm zu langweilig.«

»Eine geschiedene Frau: eine Frau, die geheiratet hat, um nicht mehr arbeiten zu müssen, und jetzt arbeitet, um nicht mehr heiraten zu müssen.«

Anna Magnani

>»Wenn es keine Hochzeiten gäbe, würden Männer durchs Leben gehen und denken, sie machen keine Fehler.«
Kim Basinger

Warum es toll ist, mit einem emanzipierten Mann verheiratet zu sein – aber nicht immer

Manchmal stelle ich mir – ähnlich wie Peter – vor, wie es wäre, wenn ich einen anderen Mann geheiratet hätte. Einen, der seinen Heiratsantrag nicht unter dem Einfluss von Legionellen-Bakterien auf der Brüstung eines italienischen Ferienhauses gesungen, sondern mir bei einem romantischen Candle-Light-Dinner in einem Dreisternelokal ein Päckchen mit einem Brillantring überreicht hätte. Der mit einem anständigen Auto vorgefahren wäre, statt mit einem uralten Opel Kadett, und der kein armer Poet, sondern ein erfolgreicher Arzt, Jurist oder Unternehmer gewesen wäre, jedenfalls jemand, den man mit gutem Gewissen seinen Eltern vorstellen kann. (Das erste, was meine Mutter von meinem zukünftigen Mann sah, war ein Theaterstück, bei dem eine Magd vom Hausherrn auf offener Bühne a tergo genommen wurde – ein Erlebnis, das in ihr für viele Jahre den Eindruck entstehen ließ, ihr Schwiegersohn sei ein gefährlicher Sex-Maniac.)

Wenn ich also so einen klassischen Ernährer geheiratet hätte, würde ich heute vielleicht in einer teuer möblierten Villa oder einer tollen Stadtwohnung sitzen, hätte den Schrank voller

Designerklamotten, ein Sport-Cabrio vor der Tür, eine Mitgliedschaft im Golfclub und jede Menge Freizeit, die ich mit Pilateskursen und Selbstfindungsseminaren füllen könnte. Meine Kinder würden von einer Philippinin betreut werden, und vielleicht hätte ich ein Verhältnis mit meinem Fitnesstrainer.

Klingt eigentlich nach einem angenehmen Leben, oder? Keine Ahnung, warum mich diese Vorstellung so wenig lockt. Angesichts der Tatsache, dass ich mich im Urlaub bereits nach drei Tagen zu langweilen beginne, wäre mir mit so viel Freizeit nicht gedient. Pilates finde ich überflüssig, und gefunden habe ich mich auch schon. Über die tolle Stadtwohnung würde ich mit mir reden lassen, aber was andere Statussymbole angeht, leide ich unter einem geradezu pathologischen Desinteresse. Weder stehe ich auf teure Autos noch auf Designerklamotten, auch Brillantringe lösen in mir einen Gähnreflex aus. Meine leidenschaftliche Verachtung des Golfspiels ist Lesern meiner Kolumnen bereits hinreichend bekannt. Was zum Teufel würde ich also mit einem solchen Leben anfangen?

Wahrscheinlich wäre ich längst depressiv und in psychotherapeutischer Behandlung. Noch wahrscheinlicher wäre ich geschieden.

Denn Männer, die ihren Frauen ein solches Leben »bieten«, wie man so sagt, haben im Gegenzug natürlich Ansprüche. Ihre Frauen »müssen« nicht arbeiten, deshalb sollen sie gefälligst dafür sorgen, dass zu Hause alles rund läuft, das Personal spurt und die Kinder funktionieren. Vor allem aber sollen sie repräsentativ sein, schließlich ist eine solche Ehe ein Deal – Geld gegen Schönheit. Spätestens ab Ende dreißig beginnt für diese Frauen der Wettlauf mit der Zeit. Sie werden älter, aber man darf es nicht sehen. Sie müssen um jeden Preis weiter attraktiv bleiben, sonst werden sie, den Gesetzen des Marktes entsprechend, irgendwann gegen eine Jüngere ausgetauscht.

Woher ich das alles weiß? Ich kenne eine Menge solcher Frauen. Und ich möchte mit keiner von ihnen tauschen.

Niemals würde ich um eines bequemen Lebens willen auf meinen Beruf verzichten. Niemals könnte ich mich darauf beschränken, mir über Blumenschmuck und Tischdekorationen Gedanken zu machen, oder darüber, welchen Kuchen ich zum Schulfest mitbringe. Und schon gar nicht würde ich mich unter diesen absurden Schönheitsstress setzen, von dem Frauen sich fertigmachen und entwürdigen lassen. Ich werde Peter ewig für einen Satz lieben, den er sagte, als wir mal über Schönheitsoperationen sprachen: »Es soll ja Männer geben, die ihre Frauen verlassen, wenn die nicht alles machen, was heutzutage möglich ist. Ich verlasse dich, w e n n du was an deinem Gesicht machen lässt.«

Ich kam schon ziemlich früh zu der Einsicht, dass es vermutlich klüger wäre, mich auf meinen Grips statt auf meine Schönheit zu verlassen. Ich war zwar als junges Mädchen ganz hübsch, aber mir war klar, dass ich nicht mit den langbeinigen, schmolllippigen Barbies konkurrieren könnte, auf die viele Jungs offenbar standen. Aus diesen Jungs sind genau die Männer geworden, mit denen ich heute nicht verheiratet sein möchte.

Obwohl ich mich natürlich schon mal gefragt habe, ob es schlau war, den Heiratsantrag eines jungen Privatbank-Erben auszuschlagen, an dessen Seite ich heute ein luxuriöses Leben führen könnte (und der obendrein ein ganz netter Kerl war). Ein reicher Mann hätte den Vorteil, dass ich mir keine existenziellen Sorgen mehr machen müsste. Als Freiberuflerin mit einem Freiberufler-Gatten ist nur eines konstant: die Unsicherheit. Im einen Jahr läuft's gut, im nächsten mies, mal verdient der eine was, mal der andere. Wenn viele unserer Freunde längst in Rente gehen, werden wir beide noch viele Jahre weiterarbeiten müssen, um unser Alter zu finanzieren. Und natürlich gab und gibt es Tage, an denen ich dieses Leben wahnsinnig anstrengend finde und davon träume, mich auf der Terrasse meiner Privatbanker-Villa auszustrecken und mir kühle Drinks servieren zu lassen. Aber das Leben mit einem emanzipierten, partnerschaftlich denkenden Mann wie Peter ist so viel anregender als ein Leben im goldenen Käfig, bei dem ich meine Persönlichkeit und meine Fähigkeiten verleugnen müsste, dass ich unseren Weg nie ernsthaft infrage gestellt habe.

Natürlich geht's auch bei uns nicht ohne Reibereien ab – aber immerhin streiten wir als gleichberechtigte Partner! Wir sind beide Eltern, wir haben beide einen Beruf und wir sind beide gleich wichtig. Niemand erwartet vom anderen, dass der sich unterordnet, oder ihm »den Rücken freihält«. Nein, wir ringen um genügend Arbeitszeit und darum, dass die Jobs in Haus und Familie fair verteilt sind. Wir giften uns an, wenn einer den anderen mitten im Schreiben unterbricht, weil ihm was Wichtiges eingefallen oder die Schule ausgefallen ist und ein Kind geholt werden muss (wir wohnen auf dem Dorf, wo nur manchmal Busse fahren). Wir wundern uns nicht, wenn der andere abwesend in die Luft starrt und auf nichts reagiert, weil uns klar ist, dass er gerade mit seinen Gedanken in Mexiko, Ägypten oder einem Berliner Spielcasino weilt, wo sein nächstes Buch oder Drehbuch spielt. Wir diskutieren leidenschaftlich über die richtige Erziehung unserer Kinder, über Konsequenz und Großzügigkeit, über die Höhe des Taschengeldes und die Verwendung von Mobiltelefonen bei den Mahlzeiten. Jeder weiß, was den anderen beschäftigt, wie es ihm geht – und wann er in Ruhe gelassen werden möchte. Die Nähe und der permanente Austausch zwischen uns erfordern ein extrem großes Maß an Sensibilität in Bezug auf den anderen, denn natürlich will man sich nicht auf den Wecker gehen. Trotzdem ist es mir lieber, dass wir überhaupt die Chance haben, uns auf den Wecker zu gehen, statt diese getrennten Männer- und Frauenleben zu führen, die wir von anderen Paaren kennen.

Bequem ist das nicht. Das Leben mit einem emanzipierten Mann ist anstrengend – mindestens so anstrengend, wie das Leben mit einer emanzipierten Frau.

Andere Männer tragen ihre Frauen auf Händen – meiner hält mir den Autoschlüssel hin, weil ich mit Fahren dran bin. Andere Männer sind zufrieden, wenn das Essen auf dem Tisch steht –

meiner erwartet obendrein ein anregendes Tischgespräch. Andere Männer gehen Diskussionen aus dem Weg – meiner sucht sie geradezu, wenn nötig auch mitten in der Nacht. Andere Männer sagen: »Findest du nicht, du könntest mal zwei Kilo abnehmen?« – meiner fragt: »Hast du eigentlich die Lanzmann-Biografie schon gelesen und was hältst du von der Debatte über den Euro-Rettungsschirm?« (Was nicht heißt, dass ihm mein Aussehen egal wäre! Aber wir haben beschlossen, dass dafür jeder selbst verantwortlich ist.)

Der Vorteil einer Beziehung, die auf gemeinsamen Interessen und geistigem Austausch basiert, ist der, dass wir Frauen nicht so leicht zu ersetzen sind. Eine jüngere oder attraktivere findet sich immer – eine, die auch noch klüger und interessanter ist, nicht unbedingt. Natürlich gibt es Männer, die meinen, es genüge, wenn sie selbst klug sind, eine Frau müsse sie nur schmücken. Aber so einen will man als intelligente Frau sowieso nicht haben.

»Die Ehe ist gut für Frauen. Deshalb sollten nur Frauen heiraten.«

Ephraim Kishon

Jeder hat das Recht, in sein (Un-)Glück zu rennen

Wir finden, in ein Buch über die Ehe gehört auch ein Kapitel über die sogenannte Homo-Ehe. Die Frage, ob Eheschließungen unter Homosexuellen möglich sein sollten, war ja in den letzten Jahren ein heftig umkämpftes Thema zwischen fortschrittlichen und konservativen Kräften. Bisher haben die Traditionalisten sich durchgesetzt – noch immer können Schwule und Lesben in Deutschland nicht heiraten. Seit 2001 gibt es lediglich die »eingetragene Lebenspartnerschaft«.

Wir haben mal bei unseren homosexuellen Freunden und Freundinnen nachgefragt – keiner von ihnen träumt von einer »Verpartnerung«, wie die der Hochzeit entsprechende Zeremonie heißt. »Was soll das bringen?«, sagte einer, »ein Fest feiern können wir auch so, und mit der ganzen Bürokratie wollen wir nichts zu tun haben.« Damit spricht er wohl für die meisten dieser Freunde, was daran liegen mag, dass die alle keine Kinder haben. Ähnlich wie bei Heteros wird auch bei Homosexuellen das Thema Verpartnerung oft erst im Zusammenhang mit Kindern aktuell. Nur eingetragene Lebenspartner dürfen nämlich das (leibliche) Kind des anderen adoptieren.

Welche Unterschiede gibt es sonst noch? Die eingetragene Lebenspartnerschaft, auch Homo-Ehe genannt, entspricht in vielem der »richtigen« Ehe, so in Fragen des Güterrechts (gesetzlicher Güterstand ist auch hier die Zugewinngemeinschaft) und des Sozialrechts. Nach einem Grundsatzurteil des Europäischen Gerichtshofs vom Mai 2011 haben Lebenspartner die gleichen Rentenansprüche wie verheiratete Paare, ausgenommen Teile der Beamtenschaft. Auch beim Erbrecht gelten die gleichen Pflichtteil- und Freibetrags-Regelungen. Im Einkommensteuerrecht war die eingetragene Lebenspartnerschaft von Anfang an gegenüber der Ehe benachteiligt, im Juli 2010 entschied das Bundesverfassungsgericht, dass dies nicht zulässig sei. Seither lässt die notwendige Gesetzesänderung auf sich warten. Ein diskriminierender Unterschied ist außerdem, dass künstliche Befruchtung nur bei verheirateten Frauen vorgenommen werden darf, nicht bei Partnerinnen einer eingetragenen Lebensgemeinschaft.

Insgesamt sind die Unterschiede zur traditionellen Ehe inzwischen aber so geringfügig, dass man sich fragt, warum eine Gleichstellung von den Konservativen so bekämpft wird. Es sind wohl ideologische Gründe – der gesetzlich verankerte Schutz von Ehe und Familie dient manchem als moralisches Bollwerk gegen die vermeintliche Auflösung traditioneller Werte. Dabei ist das Ganze nur eine Frage der Definition: Wer unter Familie ausschließlich Vater, Mutter und Kinder versteht, mag sich hier im Recht fühlen. Längst herrschen aber Realitäten, die einen erweiterten Familienbegriff nötig machen. Im SPD-Grundsatzprogramm vom Oktober 2010 heißt es: »Familie ist dort, wo Kinder sind und wo Lebenspartner oder Generationen füreinander einstehen.«

Wir finden, diese Beschreibung von Familie trifft es viel besser. Menschliche Beziehungen sind wie ein bunter Patchwork-Teppich, es gibt viele Farben und Muster, und entsprechend viele Formen des Zusammenlebens. Entscheidend ist, dass Menschen Verantwortung füreinander übernehmen, und Kinder in einem liebevollen und verlässlichen Klima aufwachsen.

Interessant ist die Haltung der beiden christlichen Kirchen zu diesem Thema. Die katholische Kirche, allen voran Papst Benedikt der XVI., lehnt homosexuelle Lebenspartnerschaften grundsätzlich ab. Der Vorsitzende der Deutschen Bischofskonferenz, Robert Zollitsch, findet die Lebenspartnerschaft akzeptabel, solange diese nicht mit der Ehe gleichgestellt ist. Die evangelische Kirche zeigt sich liberaler, die meisten Bischöfe sind der Ansicht, auch in gleichgeschlechtlichen Partnerschaften könnten gegenseitige Verantwortung und menschlicher Beistand eingeübt werden.

Als die Diskussion um die Eheschließung von Homosexuellen entbrannte, haben wir uns natürlich gefragt, warum diese so scharf darauf sind, eine Lebensform zu wählen, die sich bei ihren heterosexuellen Mitmenschen nur als mäßig erfolgreich erwiesen hat. Und jetzt, da die Unterschiede zwischen eingetragener Lebenspartnerschaft und Ehe nur noch relativ klein sind, könnte man auch fragen, warum die vollständige Gleichstellung vielen Homosexuellen so wichtig ist. Es mag hauptsächlich symbolische Bedeutung haben, aber für Lesben und Schwule, die immer noch vielfach subtil diskriminiert werden, wäre es ein wichtiges Signal, dass sie auch in dieser Hinsicht als vollwertige Mitglieder der Gesellschaft anerkannt werden. Constanze Körner vom Lesben- und Schwulenverband Berlin-Brandenburg sagt: »Es geht nicht um die Aufwertung der antiquierten Ehe, sondern um gleiches Recht für alle.«
Ganz ehrlich: Wenn ich mir manches Hetero-Hochzeitspaar ansehe, würde ich, ohne zu zögern, meine Altersversorgung verwetten, dass die es keine zwei Jahre miteinander schaffen. Fast wünschte ich, es gäbe so etwas wie eine Führerscheinprüfung für Ehe-Anwärter. Aber jeder Dödel darf hierzulande heiraten, egal wie unreif, beziehungsunfähig oder sonst ungeeignet er ist. Nur hetero muss er sein. Aber wenn jeder heiraten darf, dann muss das auch für die Homosexuellen gelten. Schließlich soll jeder das Recht haben, in sein (Un-)Glück zu rennen …

»Trotz aller Warnungen vor dem Ehestande (...) trotz der nachgewiesenen Berechtigung, ihn einen Wehrstand zu nennen, trotz der mit Ingrimm erkannten Tatsache, dass er ein Zwangsinstitut ist, die egoistischen Begierden zu beschneiden, besteht die unleugbare Tatsache (...) dass die Aufhebung der Ehe Auflösung der bestehenden Ordnung (...) bedeuten würde.«

Therese Wilhelm, Das Eheleben, 1916

»Nichts ist zu schwer für den, der liebt.«

Marcus Tullius Cicero

 ## »Man muss um jeden kleinen Schritt kämpfen.«

Interview mit Dr. Helen Bär (46) und Dr. Lea Brod-Bär (46), beide Universitätsprofessorinnen in Berlin. Sie sind seit 1998 ein Paar, seit 2005 leben sie in einer eingetragenen Lebenspartnerschaft. Ihre beiden Töchter (sechs und drei) stammen von einem ihnen bekannten Samenspender und wurden von Lea zur Welt gebracht. Helen hat beide Kinder adoptiert. Die beiden Frauen fordern die Gleichberechtigung der Homo-Ehe mit der traditionellen Ehe.

Was unterscheidet Ihre Familie von anderen Familien?

H: Eigentlich nichts, außer dass wir nicht Mama und Papa sind, sondern Mama und Mami.

Wie erklären Sie Ihren Kindern diese Familienkonstellation?

L: Wir haben ihnen erklärt, dass es verschiedene Arten von Familien gibt, und das erleben sie ja auch bei anderen Kindern. Da gibt es welche mit Mama und Papa, bei manchen ist nur eine Mama oder ein Papa da, und es gibt eben auch Familien mit zwei Mamas oder zwei Papas.

Helen, waren Sie nicht traurig oder eifersüchtig, dass Lea die Kinder ausgetragen, geboren und gestillt hat? Dabei entsteht ja schon eine besondere Nähe.

H: Nein, ehrlich gesagt war ich nie besonders scharf auf eine Schwangerschaft, und als es dann bei Lea beide Male so schnell geklappt hat, war das völlig in Ordnung für mich.

Warum sind Sie eine Lebenspartnerschaft eingegangen?

L: Eigentlich wegen der Kinder. Ich weiß nicht, ob wir uns verpartnert hätten, wenn nicht ein Kind unterwegs gewesen wäre. Ich war ja da schon hochschwanger.

H: Das war dann auch sehr lustig, der Standesbeamte hat sehr nett reagiert, so nach dem Motto: Beeilen wir uns, bevor das Kind kommt! Ein wichtiger Aspekt war für uns auch, dass wir durch die Verpartnerung alle den gleichen Namen bekommen haben. Unser Familienname ist Bär …

L: … und ich trage den Doppelnamen. Der Name ist für uns auch ein wichtiges Signal nach außen, mit dem wir zeigen: Wir sind eine Familie, wir gehören zusammen.

Es waren also tatsächlich nur diese praktischen Gründe rund um das Sorgerecht für die Kinder, die Sie bewogen haben, diesen Schritt zu gehen?

H: Wenn die eingetragene Lebenspartnerschaft keine Ehe zweiter Klasse wäre, könnte ich mir durchaus vorstellen, dass wir es auch einfach so gemacht hätten. Für mich war irgendwann klar: Entweder ich bleibe mit dieser Frau zusammen oder mit niemandem. Und das ist dann für mich schon der Punkt, wo man das für sich selbst, aber auch nach außen dokumentiert und sich rechtlich nochmal absichert. Aber es ist eben eine Ehe zweiter Klasse, mit den Pflichten …

L: … aber nicht mit allen Rechten.

H: Wir werden jetzt noch, mit den beiden Kindern, besteuert wie zwei Alleinstehende und stehen damit schlechter da als ein kinderloses Ehepaar. Das Ehegattensplitting greift nicht bei uns, und wir sind in einer höheren Steuerklasse. Das macht jedes Jahr mehrere tausend Euro Unterschied aus, die auch den Kindern verloren gehen. Das verstößt gegen den Grundsatz, dass eheliche und uneheliche Kinder gleichgestellt sind.

Es sind diesbezüglich Beschwerden beim Verfassungsgericht anhängig. Wird sich also demnächst etwas ändern?

L: Ja, es tut sich schon langsam etwas.

H: Aber nur so scheibchenweise. Man muss um jeden kleinen Schritt kämpfen. Und viele Leute glauben, wir seien durch die Verpartnerung gleichgestellt. Die wissen gar nicht, dass es da noch Unterschiede gibt.

Hätten Sie denn gern ohne die Sachzwänge, nur aus romantischen Gründen, geheiratet?

L: Ich hätte das sogar gern ganz traditionell, vielleicht sogar im religiösen Rahmen gemacht. Ich habe ja einen jüdischen Hintergrund, und ich würde es toll finden, diese ganzen Rituale zu erleben, auf Glas treten und so. In den USA wäre das möglich, in einer der Reformgemeinden. Vielleicht können wir in fünfzehn Jahren dort ein »Renewal« feiern, da könnten die Kinder dabei sein, sowas kann ich mir gut vorstellen. Ich fand unsere »Hochzeit« aber auch ganz schön, die hatte so was Bizarres, gleichzeitig Intimes, aber auch etwas Witziges, Provokantes.

Über welche Unterschiede zwischen der herkömmlichen Ehe und der Homo-Ehe ärgern Sie sich noch?

L: Völlig unsinnig ist zum Beispiel das Adoptionsrecht. Ein homosexuelles Paar darf nicht gemeinsam ein Kind adoptieren, ein alleinstehender Homosexueller schon. Das widerspricht auch der gesellschaftlichen Realität – in Berlin zum Beispiel werden lesbische oder schwule Paare oft vom Jugendamt als Pflegefamilien für Kinder aus schwierigen Verhältnissen ausgewählt, weil man gemerkt hat, das funktioniert gut – in vielen Fällen sogar besser als in »normalen« Familien.

Worauf führen Sie das zurück?

L: Zum einen, weil es eine bewusste Entscheidung für ein Kind ist – in solchen Familien »kommt« ein Kind ja nicht einfach, zum anderen, weil es bestimmte Fallen nicht gibt, die mit Rollenklischees zu tun haben. Wir waren ja beide früher auch mit Männern zusammen und das ist schon ein gewaltiger Unterschied. Das Zusammenleben von Frauen ist wenig codiert, es gibt – anders als zwischen Männern und Frauen – nicht diese klaren Erwartungen.

Man fragt sich nicht ständig, ob man sich jetzt gerade »richtig« verhält, weil es kein so klar definiertes Richtig und Falsch gibt.

Tut sich Deutschland eigentlich besonders schwer mit der Akzeptanz von homosexuellen Eltern?

H: Ja, absolut. In anderen europäischen Ländern funktioniert das reibungslos, sogar in denen, die sehr katholisch sind. Das liegt vermutlich daran, dass die Menschen in diesen Ländern sich so stark über Familie definieren, dass niemand sich anmaßt, jemandem den Wunsch nach einer Familie zu verwehren.

L: Zum Beispiel in Spanien, da herrscht ein ganz anderes Selbstbewusstsein, da sagt man: Schaut her, unser Familienmodell ist so toll, dass sogar die Schwulen und Lesben es übernehmen wollen! Hier in Deutschland gibt es diese Blockadementalität, dass man unter sich bleiben und auf keinen Fall eine Gleichstellung mit den Homosexuellen akzeptieren will.

Erleben Sie in Ihrem Alltag irgendwelche Formen der Diskriminierung?

H: In unserem Umfeld überhaupt nicht. Die soziale Anerkennung, die wir erfahren, unser Status und die Akzeptanz, die man uns entgegenbringt, gehen weit über unseren tatsächlichen, rechtlichen Status hinaus. Das ist eigentlich komisch, sonst ist das ja eher umgekehrt.

L: Aber wir kennen schon Leute, die in einem anderen beruflichen Umfeld sind, in dem es deutlich schwieriger ist. Selbst unter unseren Studierenden kam es vor, dass welche nach ihrem Outing von ihren Familien verstoßen wurden.

Und Sie haben tatsächlich noch nie eine negative Erfahrung gemacht?

L: Doch, bei einem Gerichtstermin wurde uns mal erklärt, in unserer Familie fehle ja der Vater. Unsere Gesellschaft hat inzwischen sehr, sehr viel akzeptiert, die anderen Eltern im Kindergarten, unsere Schwiegereltern und Eltern, alle akzeptieren uns, nur im rechtlichen Bereich ist das noch immer ein Skandalon, als fiele die letzte Bastion, wenn Lesben jetzt auch noch Kinder kriegen. Das war ja auch immer das Hauptargument gegen die Gleichstellung. Also: Lebenspartnerschaft, na gut, aber nur in der Ehe haben wir auch Kinder, also eine Familie im traditionellen Sinne. Jetzt verwischen diese Unterschiede immer mehr, und das scheint für manche schwer auszuhalten zu sein.

»Ich will bei dir bleiben; denn wo du hingehst, will auch ich hingehn; wo du bleibst, da bleibe ich auch.«
Bibel, Ruth 1,1

Willst du mit mir alt werden?

Wenn alt werden nichts für Feiglinge ist, dann ist zusammen alt werden eine wahre Mutprobe. Man muss nicht nur die eigenen Zipperlein aushalten, sondern auch die des Partners, und dabei fühlt man sich gelegentlich wie der Blinde und der Lahme, die sich gegenseitig über die Straße helfen.

Kaum ein Morgen vergeht, an dem Peter und ich uns nicht gegenseitig das aktuelle Gesundheits-Bulletin vortragen: Ich habe mich meist in der Nacht verlegen und bin mit einer Nackenverspannung aufgewacht, Peter hat es, fast immer, im Kreuz. Manchmal hatte ich einfach eine schlaflose Nacht, während ihn das Knie geplagt hat. Gern leidet Peter unter diffusen Magenproblemen, während ich seltsame Verschleißerscheinungen in den Daumen beobachte, von denen ich fürchte, sie könnten auf die Zeigefinger ausstrahlen – was höchst bedrohlich wäre, denn mit denen schreibe ich meine Bücher. Dass Eheleute in den Fünfzigern sich mal gleichzeitig so fit und frisch fühlen, dass sie auf die verwegene Idee kommen, ihrer Leidenschaft freien Lauf zu lassen, kommt nicht mehr ganz so häufig vor wie in jungen Jahren. Das Gute ist aber, dass sie – wenn es dazu kommt – ihre Zipperlein immer noch erstaunlich schnell vergessen können.

Als ich zwanzig war, wollte ich auf keinen Fall älter als vierzig werden, denn mit vierzig ist man alt, das war für mich klar. Als ich vierzig wurde, gab ich mir gnädig noch zwanzig Jahre, obwohl man mit sechzig ja schon uralt ist. Jetzt, wo ich mich allmählich diesem unvorstellbar hohen Alter nähere, fülle ich Fragebögen in Zeitschriften aus, mit denen man seine Lebenserwartung ausrechnen kann. Mein biologisches Alter liegt angeblich sechs Jahre unter meinem tatsächlichen, und ich soll 90,3 Jahre alt werden. Ich weiß nicht, ob ich das beruhigend oder beängstigend finde.

Da die einzige Alternative zum alt werden jung sterben ist (was mir nicht mehr gelingen wird), habe ich beschlossen, mich der Herausforderung zu stellen. Wenn die Zeitschrift nicht lügt, habe ich noch sechsunddreißig Jahre vor mir. Peter und ich könnten also locker unsere goldene Hochzeit feiern. Das heißt, wenn er so lange durchhält. Leider sterben Männer ja statistisch gesehen deutlich früher als Frauen, wir sollten die Jahre, die uns bleiben, also nutzen.

Zum Glück haben wir in Zukunft wieder mehr Zeit füreinander, denn die Kinder werden groß und verlassen das Haus. Spätestens dann steht man als Paar allerdings vor der Frage, ob man zusammen alt werden will. Oder ob jetzt der Moment gekommen ist, die Weichen neu zu stellen. Dieser Prozess kann ziemlich schmerzhaft sein, denn es wird einem bewusst, wie viele Jahre vergangen sind, welch enorme Wegstrecke man schon gemeinsam zurückgelegt hat. Das erfüllt einen zu Recht mit Stolz, aber auch mit Wehmut, denn der Blick zurück offenbart immer auch, was unwiederbringlich vergangen ist.

War nicht neulich erst die Einschulung von Leo? Sein erstes Fußballturnier? Und wie konnte aus der kleinen, zarten Paulina so schnell eine junge Frau werden? Haben wir etwas Wichtiges in der Erziehung versäumt? Hätten wir nachgiebiger oder strenger sein sollen? Haben wir die Kinder genügend gefördert? Sind wir gute Eltern gewesen? Plötzlich überfällt einen das Gefühl, schrecklich viel falsch gemacht oder unterlassen zu haben, und man würde die Zeit am liebsten zurückdrehen.

Trotzdem lohnt es sich, diesen Blick in die Vergangenheit zu wagen und Zwischenbilanz zu ziehen, denn nur so kann man erkennen, was man gemeinsam aufgebaut und geschafft hat. Berufliche Erfolge, vielleicht ein gemeinsames Unternehmen, einen verlässlichen Freundeskreis, eine stabile Partnerschaft. Und Kinder, die – trotz all unserer Erziehungsfehler – ihren Weg ins Leben gefunden haben.

Viele Jahre hat man die meiste Zeit gemeinsam auf diese Kinder geblickt, war um ihr Wohl und Wehe besorgt, hat sich mehr als Eltern- denn als Ehepaar begriffen. Nun geraten sie allmählich aus dem Blick, und zwangsläufig wendet man sich wieder mehr dem Partner zu. Und fragt sich dabei, ob es noch genügend Verbindendes gibt, oder ob man sich unmerklich ein wenig verloren hat.

Im letzten Jahr bekamen Peter und ich einen Vorgeschmack auf die Zeit, in der wir wieder alleine leben werden. Unsere Kinder waren beide im Ausland – Leo absolvierte ein soziales Jahr in Argentinien, Paulina machte ein Austauschjahr in den USA.

Anfangs überwog die Euphorie. Wir fanden es toll, dass wir morgens länger schlafen und abends spontan ausgehen, dass wir von jetzt auf gleich einen Wochenendtrip machen oder Freunde besuchen konnten. Frei über die eigene Zeit zu verfügen, das war etwas, das wir zwanzig Jahre nicht mehr erlebt hatten. Wir fanden es wunderbar, dass niemand in unser Arbeitszimmer gestürmt kam, um über eine Taschengelderhöhung oder ein neues Handy zu diskutieren, wir genossen die ungewohnte Ordnung im Haus und die Tatsache, dass niemand sich ungefragt T-Shirts, Schminkzeug oder CDs auslieh und verschlampte.

Wir machten einige Reisen und versicherten uns gegenseitig, wie toll es wäre, dass wir bald noch mehr Reisen machen könnten. Aber je mehr die Zeit verging, desto stärker vermissten wir die Kinder. Das Haus war so still und leer. Niemand polterte die Treppe hinunter, es lief keine laute Musik, es wurde nicht gelacht und nicht gestritten. Das Telefon klingelte deutlich seltener, und die Freunde unserer Kinder kamen natürlich auch nicht mehr spontan vorbei – wen hätten sie besuchen sollen? Wir vermissten die Gespräche mit Leo und Paulina, ihren Blick auf die Welt, ihren Humor, ihre Lebendigkeit. Manchmal war die Sehnsucht wie ein körperlicher Schmerz, und wir fühlten uns zu zweit verdammt einsam.

Aber zum Glück stellten wir auch fest, dass uns die Zeit miteinander nicht lang wurde und uns der Stoff zum Reden nie ausging. Wir genossen es, zusammenzusitzen und Gespräche zu führen, die sich nicht um die Organisation des Alltags oder unsere Arbeit drehten. Wir erzählten uns Dinge, die wir noch nicht voneinander wussten. Wir entdeckten uns ein Stück weit neu und fanden Vertrautes wieder, das in den Jahren, in denen wir uns hauptsächlich mit der Brutpflege beschäftigt hatten, in den Hintergrund getreten war. Kurz: Wir stellten zu unserer Beruhigung fest, dass wir es wohl auch ohne Kinder noch eine Weile miteinander aushalten können. Vorausgesetzt, keiner von uns flippt aus.

Oft erlebt man ja bei Menschen unseres Alters, dass sie plötzlich Dinge tun, mit denen keiner gerechnet hat. Männer verlieben sich in eine dreißig Jahre jüngere Frau und wollen ein völlig neues Leben beginnen. Frauen entdecken sich selbst, einen indischen Guru oder die segenspendende Wirkung von Feuerläufen, und wollen dabei nicht von einem kritischen Ehemann gestört werden. Wir möchten niemanden von seinem Selbstfindungstrip abbringen, die Frage ist nur, ob solche Versuche nicht eher eine Flucht vor den unausweichlichen Problemen des Älterwerdens sind – zumal vor dem Älterwerden als Paar.

Sicher ist, dass die Verluste sich häufen, dass es altersbedingte Rückschläge im Beruf geben kann und der körperliche Verfall voranschreitet. Beim kritischen Blick in den Spiegel stellt man fest, dass man sich deutlich jünger fühlt, als man aussieht, und wenn man sich endlich entschließt, eine Gleitsichtbrille anzuschaffen, sieht man gleich noch mal fünf Jahre älter aus. Man fragt sich, ob der Partner einen ebenso gnadenlos beurteilt, wie man selbst es tut, und wie man sich fühlen wird, wenn man nicht mehr älter ist, sondern alt.

Aber jetzt aufgeben? Eine mehr als zwanzigjährige gemeinsame Geschichte mit all ihren Höhen und Tiefen in die Tonne treten, nur um einen kurzen Rausch in den Armen eines anderen zu erleben, oder einem obskuren Heilsversprechen nachzulaufen, von dem wir ohnehin wissen, dass es Hokuspokus ist?

Ich denke nicht daran.

Natürlich ist alt werden die zweitbeste Lösung. Nachdem jung bleiben aber keine Option ist, leider auch die einzige. Und so werde ich mit liebevollem Blick beobachten, wie meinem Mann die Haare ausfallen, er einen Bauch ansetzt und Falten im Gesicht bekommt. Ich werde es genießen, dass er immer noch klüger wird, und vielleicht irgendwann sogar weise. Ich werde über seine Witze lachen, auch wenn sie schwächer werden – wie er selbst. Und eines Tages, wer weiß, werde ich ihn im Rollstuhl schieben (oder mich von ihm schieben lassen). Und das wird – sofern wir von Demenzerkrankungen verschont bleiben – immer noch unterhaltsamer sein als das Zusammensein mit den meisten anderen Menschen, die ich kenne. Denn vielleicht ist das eines unserer Ehegeheimnisse: Wir haben uns nie miteinander gelangweilt.

Noch mal zurück zur Leidenschaft im Alter. Wenn man Bücher und Artikel zu diesem Thema liest, könnte man sofort in eine tiefe Depression verfallen. Da ist von schwächer werdender Potenz und erektiler Dysfunktion die Rede, von austrocknenden Schleimhäuten und nachlassendem Lustempfinden. Man möchte auf der Stelle nie mehr Sex haben, weil bei keinem anderen Vorgang der Alterungsprozess so gnadenlos sichtbar und spürbar wird. Aber die Leidenschaft bleibt ja bestehen – oder zumindest der Wunsch danach. Morde aus verschmähter Liebe unter Rentnern sind kein so seltenes Phänomen, wir müssen also davon ausgehen, dass der Trieb relativ langlebig ist. Eine amerikanische Studie besagt, dass in der Altersgruppe der über 65-Jährigen immerhin noch 53 Prozent regelmäßig Sex haben. Erst ab 75 geht's allmählich bergab, bis zum Alter von 85 bleibt aber immerhin ein Viertel der Oldies sexuell aktiv. Natürlich verändert sich die Sexualität, der spon-

tane Quickie oder die wilde Liebesnacht weichen altersgemäßeren Zärtlichkeiten, die nicht zwangsläufig immer im klassischen Geschlechtsverkehr enden müssen. Trotzdem empfinden auch alte Menschen Begehren und Lust, obwohl viele Leute denken, Sex im Alter sei peinlich und gehöre sich nicht. Dieses Sex-im-Alter-Tabu wird ja auch hauptsächlich von Jüngeren gepflegt, die keine Ahnung davon haben, wie es ist, alt zu sein.

Was bleibt uns also anderes übrig, als Spaß zu haben, solange wir können, und nicht davor zurückzuschrecken, uns lächerlich zu machen? Wie schon gesagt: Gemeinsam alt zu werden ist eine Mutprobe. Und eine Herausforderung für unsere Humorfähigkeit. Packen wir's an.

> **»Nimm das Leben als ein Fest. Genieße jeden Tag mit der Frau, die du liebst, solange dieses flüchtige Leben dauert, das Gott dir geschenkt hat.«**
>
> Bibel, Prediger 9,8–9

»Holger ist tot.«

Protokoll eines Gesprächs mit Sabine Barckhan-Weiss (55), die vor neun Jahren völlig unvorbereitet ihren Mann Holger verlor. Die beiden waren 25 Jahre zusammen, 21 davon verheiratet. Ihr Sohn Nick ist heute 32, ihre Tochter Oona 19. Wir wollten von ihr wissen, wie sie mit dieser traumatischen Situation umgegangen ist, und was ihr geholfen hat, den Verlust zu verarbeiten.

Der letzte Tag im Leben von Holger war ein herrlicher Herbsttag, der 5. September 2003. An diesem Tag musste Oona um 15 Uhr zur Reitstunde, etwas außerhalb von Bremen. Holger kam früher aus dem Büro und sagte: Komm, wir fahren mit. Dann haben wir Oona zum Reitstall gebracht, haben uns auf eine Wiese gelegt und es war wunderschön. Der Hund hat sich in einem Schlammtümpel gewälzt, wir haben gelacht, waren uns ganz nah. Wir hatten eine ganz schwierige Zeit mit unserem Sohn Nick hinter uns, hatten sogar Familientherapie gemacht. Der Junge war uns völlig entglitten, bekam den Bogen einfach nicht. Da waren auch Drogen im Spiel, und der Therapeut hatte uns geraten, ihn rauszuwerfen, das war ganz furchtbar. Aber nun hatte Nick sich endlich gefangen und gerade eine Lehre im Medienbereich angefangen, wir sahen einen Lichtstreifen am Horizont. Mein Architekturstudium, das ich im Jahr zuvor begonnen hatte, lief gut. Alles lief gut.

Dann sind wir nach Hause gefahren, ich musste ja abends zu Radio Bremen, wo ich als Gästebetreuerin bei *3 nach 9* gearbeitet habe. Ich hatte auch noch einen zweiten Job, bei der Lufthansa, Lost & Found. Holger klagte über leichte Schmerzen in der Brust, wollte aber trotzdem joggen. Unser Au-pair, Beata, sagte: Nicht laufen, das ist nicht gut. Und ich sagte auch: Warum willst du ausgerechnet jetzt laufen, wenn du Schmerzen hast? Holger ist nicht regelmäßig gelaufen, nur ab und zu. Ein halbes Jahr vorher war er zur Untersuchung beim Internisten, da war seine Halsschlagader minimal verengt. Nicht dramatisch, er bekam nicht mal Medikamente verschrieben, sondern sollte nur ein bisschen weniger Butter essen, das Cholesterin reduzieren. Sonst hatte er absolut keine Symptome. Er war ein fröhlicher Mensch, ziemlich aktiv, manche sagen: Immer auf der Überholspur.

Als ich spät nachts nach Hause kam, war Holger nicht da. Ich wunderte mich nicht, denn ich wusste, dass er bei einem Fest auf einem Schiff eingeladen war. Ich bin dann eingeschlafen, war aber unruhig. Ich bin um vier aufgewacht, dann um fünf, und er war nicht da. Irgendwann kam Beata und sagte, er sei vom Joggen nicht nach Hause gekommen. Mir war klar, da ist was ganz Furchtbares passiert.

Ich rief Lutz an, den Freund, der das Fest gegeben hatte und fragte: Sag mal, wo ist denn der Holger? Und er: Wieso? Der war gar nicht auf der Party. Ich sagte, was mach ich denn jetzt? Es war sechs Uhr morgens. Er sagte: Du solltest die Polizei anrufen.

Das habe ich dann gemacht. Im Scherz habe ich noch gesagt: Wissen Sie, mein Mann ist keiner, der zum Zigaretten holen geht und nicht wiederkommt. Und dann sagte der: Ja, wir haben da jemanden, eine nicht identifizierte Leiche. Was hatte Ihr Mann denn an? Ich habe ihm beschrieben, was Holger getragen hatte, dazu eine Brille, eine Uhr, und dann sagte der: Ja, dann wird das wohl Ihr Mann sein.

Als erstes habe ich bei der Lufthansa angerufen und gesagt: Ich kann nicht kommen, Holger ist tot. Dann habe ich meine Schwiegereltern angerufen und gesagt: Holger ist tot. Ohne Vorwarnung. Ich mache mir da heute noch ganz große Vorwürfe. Ich war komplett unter Schock. Dann rief meine Schwiegermutter an und sagte, sie kämen jetzt mit der Bahn. Man stelle sich das vor, jeder andere hätte sich in ein Taxi gesetzt, nein, sie wollten mit der Bahn kommen. Ich habe dann gesagt, nein, Ihr werdet abgeholt. Ich selbst konnte nicht fahren, Lutz hat sie schließlich hergebracht. Dann saßen sie hier. Es war mittlerweile acht. Und ich dachte die ganze Zeit nur: Was mache ich mit Oona? Die liegt da oben und ahnt nichts.

Ich bin dann zu unserem Nachbarn, das ist der Pastor der Domgemeinde, mit dem sind wir befreundet. Und der sagte: Lass sie erst mal schlafen. Dann wachte sie auf, ich bin hochgegangen und hab ihr alles erzählt. Es war ganz, ganz furchtbar.

Und Nick. Ich habe versucht, ihn anzurufen, konnte ihn nicht erreichen, habe dann seinen Freund angerufen und gesagt: Ich möchte, dass Nick sofort nach Hause kommt. Es ist was passiert, das möchte ich ihm bitte persönlich sagen. Der Freund ist zu Nick gefahren, hat ihn ins Auto geladen und dann sind die mit seiner aufgemotzten Karre in 35 Minuten von Hamburg hierher nach Bremen gefahren. Nick ist hier reingekommen und als er erfahren hat, was passiert war, hat er geschrien, hat den Schlüssel an die Wand geschmissen und war völlig fertig. Später hat er mir erzählt, er hätte gedacht, Holger habe eine Freundin. Dass sein Vater tot sein könnte, damit hat er natürlich nicht gerechnet. Kein Mensch hat damit gerechnet.

Es kamen dann immer mehr Leute, das sprach sich herum wie ein Lauffeuer, sie saßen unten auf der Treppe, die konnten es alle gar nicht fassen. Ich habe dann zwei unserer engsten Freunde angerufen, die in Kassel auf einem Familienfest waren, und habe gesagt: Holger ist tot. Die haben sich sofort ins Auto gesetzt und sind gekommen. Das fand ich unglaublich. Und das Verrückte ist, ich habe eine Energie gespürt – das hört sich jetzt ganz merkwürdig an – aber ich habe das gespürt. Das war der Schock, aber auch die Tatsache, dass so viele Menschen plötzlich da waren, das hat mir eine solche Kraft gegeben. Ich habe auch die gesamte Geschichte dieses Tages danach immer wieder, immer wieder gebetsmühlenartig wiederholt. Der Schock hat lange angehalten. Wenn ich das im Nachhinein Revue passieren lasse, dann merke ich wie lange das war.

Holger und ich haben uns kennengelernt, da war ich 17 und er 19. Dann haben wir uns aus den Augen verloren, weil er nach Münster ging zum Studieren. Zwei Jahre später war ich auf einer Party eingeladen, und die Gastgeber hatten auch ihn eingeladen, die wollten uns verkuppeln.

Nach dem Abi habe ich angefangen, bei Lufthansa zu arbeiten, Holger hat nach Bremen gewechselt und sein Studium abgeschlossen. Damals musste man verheiratet sein, damit der Partner auch günstig fliegen kann, also haben wir geheiratet. Mit 23 wurde ich schwanger, das war nicht so richtig geplant. Eigentlich fühlten wir uns beide noch ein bisschen zu jung, um Eltern zu sein. Wir sind dann mit unserem Nick durch die Welt gereist, später haben wir unsere Wohnung umgebaut, aber erst mit Anfang 30 fühlte ich mich reif für ein zweites Kind. Als ich 37 war, bekamen wir Oona. Dieses zweite Kind hat uns noch mal näher zueinander gebracht.

Es gibt da etwas Merkwürdiges. Meine Mutter ist Witwe geworden, als ich noch nicht geboren war. Und es war fast so, als hätte sie mich auf so was vorbereitet. Ich habe ja gesehen wie es ist, ohne Vater und mit einer ziemlich starken Mutter groß zu werden, das war für mich nichts Neues. Dieses Gefühl zu haben, der ist nicht für mich da. Darunter habe ich schon ziemlich gelitten. Als ich schwanger mit Oona wurde, und auch später, als sie schon größer war, habe ich immer wieder gedacht, hoffentlich habe ich nicht das gleiche Schicksal wie meine Mutter. Und dann war es plötzlich so weit.

Die Polizei wollte, dass ich zur Hauptwache in der Vahr komme, um Holger zu identifizieren, aber ich habe mich geweigert. Die Pathologie, in der Holger lag, ist nicht weit von uns entfernt. Dann sagte der Beamte, wir schicken jemanden mit einem Bild. Und dann sind die gekommen, und Lutz hat ihn identifiziert. Ich fand es ganz lieb, dass er das für mich gemacht hat. Das Bild muss furchtbar gewesen sein.

Abends rief dann der Pathologe an und hat mich gefragt, ob ich die Hornhaut von Holgers Augen zum Transplantieren zur Verfügung stellen würde. Ich habe kurz überlegt und gesagt: Ja, natürlich. Irgendjemand hat mir später erzählt, er würde einen kennen, der am nächsten Tag an den Augen operiert worden sei, dem eine neue Hornhaut eingesetzt wurde. Und da habe ich gedacht, das ist sicher die von Holger. Das ist doch wunderbar.

Es war dann auch eindeutig geklärt, woran er gestorben ist: Er hatte beim Laufen eine Lungenembolie, und das geht so schnell, wahrscheinlich war er tot, bevor er auf dem Boden aufgekommen ist.

Wir sind am nächsten Tag dort hingegangen und haben nachgesehen, wo es passiert ist. Das war nicht schwer zu finden, da lagen noch lauter Sachen am Boden, Plastikkappen und so was, von den Versuchen der Sanitäter, ihn zu reanimieren. Unser Hund war auch dabei, und der wollte da nicht weg. Der hat das gerochen. Auch Tage später wollte er immer wieder dorthin. Ich bin erst mal nicht mehr hingegangen. Ich habe es nicht ertragen.

Es ist hier ganz in der Nähe passiert, am Weser-Stadion bei Platz 11, wo die Spieler von Werder trainieren. Holger war ja ein großer Werder-Fan. 2004, ein Jahr nach seinem Tod, hat Werder die Meisterschaft gewonnen. Bei diesem Spiel war ich mit Holgers bestem Freund. Und als die Jungs da einliefen, da haben wir beide geheult wie die Schlosshunde.

Holger lag also in der Pathologie und wurde nicht freigegeben. Die Todesursache war zwar geklärt, aber die arbeiten am Sonntag nicht, Montag hatten sie irgendeine Sitzung. Und dann sagte ich: Jetzt reicht's mir. Ich wollte, dass er da rauskommt, und ich wollte ihn noch mal sehen. Ich habe dann ein Beerdigungsinstitut beauftragt, ihn aufzubahren, und am Dienstag konnten wir ihn endlich sehen.

Am Freitag war dann die Beerdigung und das war … einfach unglaublich. So was hatte ich noch nicht erlebt. Ein Freund von ihm hat so eine herzzerreißende Rede gehalten und erzählt, was sie gemeinsam erlebt haben, ein anderer Freund hat Holgers Leben Revue passieren lassen, und ein anderer hat noch mal seinen letzten Tag erzählt. Unser Nachbar, der Pastor, hatte sich bereit erklärt, die Beerdigung durchzuführen, obwohl Holger nicht mehr in der Kirche gewesen war. Der sprach auch ganz wunderbar. Also, es war sehr, sehr … einfach unglaublich.

Komischerweise war ich total gefasst. Ich hatte nicht geschlafen, aber auch keinerlei Medikamente genommen, keine Beruhigungsmittel, keine Aufputschmittel oder sonst irgendwas – und ich war so was von klar! Ich habe ein sehr schlechtes Namensgedächtnis, aber an diesem Tag in der Kirche hätte ich jeden einzelnen Namen von den Trauergästen nennen können. Und ich habe die Leute fast noch getröstet. So was Beklopptes.

Und dann kommt das Leben danach. Und das ist ganz schwer. Ich war wie in Trance. Ich weiß gar nicht, wie ich zum Beispiel in dieser Zeit Auto gefahren bin. Dass uns nichts passiert ist! Aber der Hund musste morgens raus, Oona musste zur Schule, irgendwie musste es weitergehen. Manchmal, wenn im Radio so herzzerreißende Lieder von Rosenstolz oder so liefen, oder bei »Take good care of my baby« … Da dachte ich dann: Ja, und wer kümmert sich jetzt um mich?

Holger hatte bis dahin alles gemacht, die ganzen finanziellen Geschichten, da musste ich mich erst mal reinarbeiten. Bis zu diesem Zeitpunkt hatte ich noch nie eine Steuererklärung gemacht. Holger und ich hatten ein Haus gekauft, zur Absicherung – und auf einmal merkte ich, die ganze Finanzierung beruht auf meiner Altersversorgung. Diese ganze Bürokratie, die nach einem Todesfall ins Rollen kommt, das erschlägt einen. Aber im Hinterkopf hatte ich den Gedanken: Meine Mutter hat das alles geschafft, also schaffe ich das auch.

Und dann war ja Oona da. Schon wegen ihr durfte ich nicht in ein schwarzes Loch fallen.

Es muss furchtbar für sie gewesen sein, diesen geliebten Vater zu verlieren, der sie auf Händen getragen hat. Sie war seine Prinzessin. Sie hat versucht, stark zu sein. Und das Rührende – und für mich auch fast ein bisschen Traurige – war, dass sie sich so sehr für mich verantwortlich fühlte. Genau so habe ich mich als Kind auch gefühlt, ich fühlte mich immer für meine Mutter verantwortlich. Das war wie ein Déjà-vu.

Ich weiß noch, dass ich als Kind oft furchtbare Angst hatte und dachte, was ist, wenn meine Mutter stirbt? Wenn die nicht mehr da ist, bin ich ganz allein. Ich stellte mir vor, dass es für Oona ähnlich sein müsste und dachte nur, irgendwie muss ich sie da durchbringen.

Ich bin mit ihr dahin gegangen, wo's passiert ist, habe versucht, mit ihr darüber zu sprechen, aber sie hat sich nicht wirklich geöffnet. Wir sind uns da sehr ähnlich, haben wohl beide nicht viel rausgelassen in dieser Zeit. Später haben wir dann darüber gesprochen. Das fing so vor zwei Jahren an, dass sie endlich darüber reden konnte.

Ich habe nach Holgers Tod haufenweise Briefe bekommen, von Freunden, aber auch von Menschen, mit denen ich gar nicht so viel zu tun hatte. Die habe ich im Übrigen alle zufällig vor ein paar Wochen wieder gelesen, und ich war so gerührt! Ganz, ganz liebe, aufbauende Briefe. Weil Holger und ich so jung zusammengekommen waren, hatten wir sehr viele gemeinsame Freunde, einen riesigen Bekannten- und Freundeskreis. Auch Freundinnen von früher, mit denen ich länger keinen Kontakt gehabt hatte, haben sich gemeldet und sind dann hier vorbeigekommen. Ich fand es gut, dass unsere Freunde keine Scheu hatten, mit mir zu reden und mir ihre Hilfe anzubieten. Ich habe natürlich auch versucht, es ihnen leicht zu machen, so dass sie das Gefühl haben konnten, ja, da kann ich hingehen. Diese Liebe, die ich von Menschen erfahren habe, die hat mir eine unheimliche Kraft gegeben.

Später fragten mich mehrere Leute, ob ich nicht sauer auf Holger sei, dass er weggegangen ist. Und da habe ich gesagt: Nein, ich bin nicht sauer. Nur traurig. Aber auch dankbar, dass ich die Zeit mit ihm gehabt habe. Ich fand die Frage seltsam, er hat es sich schließlich nicht ausgesucht, er ist gestorben. Ich habe nicht mit dem Schicksal gehadert, sondern ich dachte, ich muss aus diesem Schicksal das Beste machen. Ich wollte es anders machen als meine Mutter.

Sie war 36, als sie Witwe wurde, und hat nie mehr geheiratet und ist nie mehr mit einem Mann zusammengezogen. Sie hatte aber Liebhaber, das habe ich teilweise mitbekommen, und das fand ich auch gut. Aber ich hätte mir sehr gewünscht, einen Ersatzvater zu haben. Das war zwar hypothetisch, weil ich ja gar nicht wusste, wie es mit einem Vater ist, aber ich hätte es mir für meine Mutter gewünscht. Mir tat es so leid, dass sie alleine war. Und später habe ich dann erfahren, dass meine Mutter viele Probleme mit Freundinnen hatte, die eifersüchtig waren, und dass Freundschaften deshalb auseinandergingen. Die dachten wohl, meine Mutter könnte eine Konkurrenz für sie sein. Ich habe das nicht so erfahren. Ganz selten hat vielleicht jemand eine Bemerkung in so eine Richtung gemacht, die verletzend war. Aber insgesamt bin ich total aufgefangen worden. Freunde haben mich eingeladen, Wochenenden mit ihnen zu verbringen, ich durfte immer dabei sein. Ich konnte mich ja mit niemandem austauschen, der in einer ähnlichen Situation war wie ich. Ich war die einzige, der das passiert war. Ich hätte eine Anzeige aufgeben oder in eine Trauergruppe gehen müssen, aber das wollte ich nicht.

Ungefähr ein Dreivierteljahr danach war ich mal auf einem Geburtstag eingeladen, und da sah ich nur Paare, und die tanzten dann alle miteinander und ich dachte nur: Ich halte das nicht aus, ich will hier weg. Und dann geht man samstags durch die Stadt und sieht nur Paare. Blöde selektive Wahrnehmung. Man weiß ja nicht, was hinter der Fassade steckt, ob die wirklich glücklich sind. Aber es verstärkt das Gefühl der Einsamkeit.

Anderthalb Jahre später war ich zum ersten Mal mit einer Freundin aus, bis sechs Uhr morgens. Wir waren in einem ganz witzigen Laden, Bistro Brazil, da haben die Leute ausgelassen auf den Tischen getanzt, es hat einfach Spaß gemacht. Ich hatte mich nicht vergraben bis dahin, aber das war schön, da waren Menschen, da waren Männer, das war gut.

Und so nach zwei Jahren dachte ich, nein, ich will nicht das gleiche Schicksal erleben wie meine Mutter, das kann es nicht sein. Ich war damals 47 oder 48 und ich dachte, irgendwann wäre es ganz schön, wieder einen Partner zu haben, einen Freund oder einen Liebhaber.

Aber dann hat es ja noch eine Weile gedauert, bis ich wirklich bereit war, mich auf etwas einzulassen.

Und ich denke, dass Holger immer mal wieder da gewesen ist. Einmal lag ich so im Bett, und da habe ich gespürt, er ist da. Das war wie so ein Hauch, der über meine Wange streicht. Als würde er mich streicheln, so nach dem Motto: Ist alles gut, ich pass auf dich auf. Das war ganz verrückt.

2006, knapp drei Jahre nach Holgers Tod, ging ich zu Freunden zum Fußballschauen, HSV gegen Werder. Und da saß Detlef. Wir hatten uns vor vielen Jahren schon mal getroffen, über Holger, aber ich konnte mich daran nicht erinnern. Wir unterhielten uns, und irgendwann dachte ich: Bei dem hat es jetzt klick gemacht. Ein paar Tage später rief er mich unter einem Vorwand an, dann haben wir anderthalb Stunden telefoniert. Danach haben wir uns immer wieder mal getroffen, aber dann hat es noch Ewigkeiten gedauert. Ich war erst ziemlich verhalten, ach nö, dachte ich zuerst, den will ich gar nicht. Und dann dachte ich plötzlich, eigentlich finde ich den doch ganz gut.

Und dann war wieder Fußball, Deutschland gegen Portugal, WM 2006, das Spiel um den dritten Platz. Ich hatte gearbeitet und mich anschließend mit Detlef getroffen. Wir waren in so'ner Fußballerkneipe und dann noch in einem anderen Laden, der noch schauriger war, und irgendwann sagte er: Ich könnte dich jetzt küssen. Und ich sagte: Dann mach doch! Und dann standen wir da an der Theke und haben geküsst und geküsst wie so Teenies. Und dann bin ich um sieben Uhr nach Hause, weil ich mit dem Hund gehen musste. Später hat er mir erzählt, dass er mich schon immer gut gefunden hatte, also mehr als gut. Aber es sei ja Holger da gewesen. Und irgendwann, als es dann sozusagen offiziell war, sagte er: Jetzt hab ich dich. Süß, nicht?

»Liebe ist der Inbegriff, auf das Andere pfeife ich.«
Wilhelm Busch

 # Geheimnisse

Warum schafft das eine Paar es trotz guter Voraussetzungen nicht, und das andere trotz aufreibender Konflikte doch? Meistens gibt es plausible Erklärungen dafür, warum Ehen scheitern, langsam zerbröseln oder schon bald nach der Hochzeit in die Brüche gehen. Halten Ehen wider Erwarten über lange Zeit oder werden sie sogar besser, hat das immer auch etwas Magisches. Es beginnt schon mit der ersten Begegnung. Wenn sie nicht arrangiert ist – durch Freunde oder immer häufiger über das Internet – ist sie zufällig. Wie ist es dazu gekommen? Was wäre passiert, wenn einer der beiden kurz vor dem Zusammentreffen plötzlich seinen Plan geändert hätte? Wenn er nicht zu jener Geburtstagsparty, ins Theater oder zur Eröffnung einer neuen Kneipe gegangen wäre? Hätte er noch eine Gelegenheit bekommen oder die Chance für immer verspielt? Das fragen sich glückliche Paare, wenn sie, meist ein wenig sentimental, auf die Anfänge ihrer Ehe zurückblicken.

Ich zum Beispiel wüsste gern, wie eine topographische Karte aussähe, auf der Amelies und meine Wege durch München in den Jahren vor unserer Begegnung verzeichnet sind. Wie oft waren wir wohl auf derselben Veranstaltung oder im selben Film? Sind wir aneinander vorbeigelaufen, ohne zu ahnen, dass wir in fünf oder zehn Jahren verheiratet sein würden? Es ist ziemlich wahrscheinlich, dass uns das passiert ist, am Institut für Theaterwissenschaften etwa, an dem wir beide eingeschrieben waren.

Einmal, das weiß ich, hätten wir uns nicht nur begegnen sollen, sondern sogar miteinander arbeiten. Ich hatte mich beim Bayerischen Rundfunk für ein Volontariat beworben. Chancen hatte ich mir keine ausgerechnet, weil es für die wenigen Plätze unendlich viele Bewerber gab, und ich meine journalistischen Fähigkeiten für eher durchschnittlich hielt. Zu meiner großen Überraschung bekam ich eine Zusage. Ich sollte im Radio bei der Sendung *Zündfunk* mitarbeiten und im Fernsehen bei *Live aus dem Alabama*. Das war die Jugendshow, bei der nicht nur Giovanni di Lorenzo, Sandra Maischberger und Günther Jauch moderierten, sondern von Anfang an auch Amelie. Ich geriet völlig aus dem Häuschen und sah mich schon als Fernsehproduzent, Redakteur oder Moderator.

Damals lebte ich mit einer Freundin und deren Kind in einer Hippie-Idylle auf dem Land. Wir betrachteten uns als Kreative, die sich dem Kommerz verweigern, sie studierte an der Kunstakademie, ich verfasste zu Hause Texte, die keinen interessierten. Wir waren arm. Aber das sollte sich nun ändern, denn das Volontariat war, zumindest für unsere Ansprüche, gut bezahlt.

Als ich meiner Freundin die freudige Nachricht überbrachte, fing sie an zu weinen. Es waren keine Freudentränen, sie war verzweifelt, weil sie unser Lebensmodell gefährdet sah. »Wer passt dann auf mein Kind auf, wenn ich an der Akademie bin?«, schluchzte sie, »der Kontakt mit anderen Künstlern ist so wichtig für mich, hier auf dem Land versauere ich doch.«

Ich weiß natürlich, was ich hätte entgegnen müssen. Ich hätte sagen sollen, dass auch ich ein Recht habe, nicht zu versauern, dass sie sich als Mutter ruhig mehr um ihr Kind kümmern könnte, und ich diese einmalige Gelegenheit zum Einstieg in eine Karriere, von der ich immer geträumt hatte, auf keinen Fall ausschlagen könne. Ganz klar, ich hätte meine Interessen durchsetzen müssen. Stattdessen habe ich sie in den Arm genommen und getröstet. »Ich weiß, wie wichtig dir die Kunst ist«, sagte ich, »und wie hart die zwei Jahre als alleinerziehende Mutter waren, bevor wir uns kennengelernt haben. Jetzt bist du endlich glücklich und so produktiv. Nein, das will ich auf keinen Fall zerstören.« Meine Reaktion war verrückt, das bestätigte mir auch der Ausbildungsleiter des Bayerischen Rundfunks, als ich ihm absagte. Heute kann ich mir diesen Wahnsinn nur mit Liebesblindheit und selbstzerstörerischer Gutmütigkeit erklären.

Aber das ist nur der eine und weniger wichtige Aspekt der Geschichte. Als Hippie trug ich die Haare damals lang, außerdem ein Bärtchen, mit dem ich Frank Zappa huldigte. Obwohl ich gern Sport trieb, schlurfte ich, als könnte ich meinen Körper nur mit Mühe in der Senkrechten halten. Dazu sprach ich, um zu provozieren, deftigen bayerischen Dialekt. Hätte Amelie mich so kennengelernt, hätte sie mit großer Wahrscheinlichkeit nicht Liebe, sondern Widerwillen auf den ersten Blick verspürt. Wir hätten nie geheiratet und später nicht gemeinsam die Pflegschaft für den Jungen übernommen, für den ich damals auf das Volontariat verzichtet habe. In dieser Hinsicht war es gut, dass ich mich so rätselhaft dämlich verhalten habe.

Für meine Eltern übrigens war an dieser Geschichte nichts Geheimnisvolles. Sie hatten bei sich selbst erlebt, wie zwei, die füreinander bestimmt sind, auf seltsamen Umwegen genau im richtigen Moment aufeinandertreffen. Mir fällt es schwer, zu glauben, dass jemand unsere Geschicke lenkt. Eher schon halte ich es für möglich, dass es eine Art Witterung für die Zukunft gibt, und wir in manchen Momenten nicht nachvollziehbare Entscheidungen treffen, die sich später als richtig herausstellen. Bauen würde ich auf diesen Instinkt allerdings nicht.

Im Verlauf unserer Ehe haben Amelie und ich oft erlebt, dass es eine Art telepathische Verbindung zwischen uns gibt. Natürlich kann man, wenn man sich lange kennt, Reaktionen des Partners vorhersagen, trotzdem waren die Übereinstimmungen manchmal verblüffend. Es entstanden magische Momente, in denen wir in den Gedanken des anderen lasen wie in einem offenen Buch. Wir haben bald nicht mehr versucht, das zu erklären, und es einfach hingenommen, als einen Aspekt unserer Verbindung.

Ein anderes Geheimnis hat sich kürzlich aufgeklärt. Uns war immer wieder aufgefallen, dass wir auch als Paar relativ mühelos mit unserer Umgebung kommunizieren. Wir hatten nur nicht genau begriffen, nach welchem Prinzip die Arbeitsteilung bei uns so gut funktioniert. Dann belegten wir bei einem Aufenthalt in Buenos Aires einen dreiwöchigen Intensivkurs Spanisch. In einer Gruppe mit lauter jungen Leuten fiel uns die Rolle der Seniorenstreber zu, die wir bereitwillig annahmen. Da es in jeder Klasse aber nur einen Besten geben kann, und wir beide kompetitiv veranlagt sind, kam es zwischen Amelie und mir zum sportlichen Zweikampf. Ich muss zugeben, dass sie mir bald die Show stahl und mit unserem Lehrer parlierte, als habe sie in einem früheren Leben Spanisch gesprochen. Aber dann kam mein großer Auftritt – ein Test, bei dem wir unser Hörverständnis beweisen sollten. Gegenstand war eine Radioreportage. Schon nach wenigen Sätzen war die Klasse überfordert und begann wegen der schnellen und verschliffenen Sprache zu stöhnen. Einer nach dem anderen stieg aus, zuletzt auch Amelie. Ich hingegen hatte wenig Mühe, dem Reporter zu folgen. Und da wurde uns klar: Amelie ist der Mund, ich das Ohr.

Auch in den Tagen danach, wenn wir jemanden auf der Straße um Auskunft baten, fiel uns auf, dass Amelie ganz selbstverständlich fragte, und ich ihr die Antwort übersetzte. Das funktionierte wunderbar. Trotzdem haben wir, zurück in Deutschland, beschlossen, die Rollen immer wieder mal zu tauschen, damit am Ende vor lauter Arbeitsteilung nicht einer stumm und die andere taub wird.

Vor einem der irritierendsten Geheimnisse standen wir vor einigen Jahren, als wir das Schicksal des jüdischen Teils von Amelies Familie recherchierten. Anhand verschiedener Melderegister rekonstruierten wir den Lebensweg ihres Großvater Franz Fried. Geboren im galizischen Zolynia, war er über Wien, Augsburg, Berlin und Aschersleben nach Ulm gekommen und dort sesshaft geworden. Mit seiner protestantischen Frau und seinen beiden Kindern hatte er zu den angesehensten Bürgern der Stadt gehört. Dann kamen die Nazis an die Macht, terrorisierten ihn und wiesen ihn schließlich in ein KZ bei Stuttgart ein. Damit erzwangen sie, dass er seine Heimatstadt verließ und von München aus seine Auswanderung betrieb. Doch kein Land gab ihm ein Visum, er war als Arbeitskraft zu alt. Auf Franz Frieds Münchner Meldekarte sind zwischen 1939 und 1945 sechs Adressen verzeichnet, darunter die einer Massenunterkunft für Juden, von der aus sein Bruder und seine Schwägerin nach Auschwitz deportiert wurden. Er selbst blieb wie durch ein Wunder verschont und kam im letzten Kriegsjahr im Stadtteil Lehel unter. Seine Adresse lautete: Knöbelstraße 18. Als ich das las, traute ich meinen Augen nicht: In der kleinen, engen Straße lebte zur selben Zeit schräg gegenüber die Familie Probst, meine Großeltern, meine Tanten und mein Vater!

Ich habe nie herausgefunden, ob sich Franz Fried und meine Familie kennengelernt oder sogar während der Bombardierungen gemeinsam im Luftschutzkeller gesessen haben. Die Wahrscheinlichkeit, dass sie sich zumindest auf der Straße grüßten, wie man das damals in München noch tat, ist groß. Wenn ich an diese Geschichte denke, habe ich das Gefühl, dass die Wurzeln unserer Verbindung in tiefere Zeitschichten reichen. Es ist, als hätte das Schicksal es schon mal probiert mit den Frieds und den Probsts und den Versuch dann auf zwei Generationen später vertagt. Franz Fried wurde am 1. Mai 1945 von den Amerikanern befreit und gehörte zu den wenigen Juden, die in München überlebt haben. Er ist nie mehr in die Knöbelstraße zurückgekehrt, aber seine Enkelin Amelie hat am 13. September 1989 kaum einen Kilometer davon entfernt den Enkel der Nachbarn von gegenüber kennengelernt.

»Das gemeinsame Glück zweier Menschen ist nichts anderes als zwei kleine, nebeneinander geritzte Striche in die Unendlichkeit.«

Robert Musil

»In der Ehe stammen Drehbuch und Regie vom Mann,
Dialoge und Ton von der Frau.«
Federico Fellini

 # Frauen müssen immer das letzte Wort haben ...

... deshalb hat mein Mann es mir großmütig überlassen. Ein weiteres Geheimnis unserer Ehe ist, dass wir wissen, wann es sich lohnt, Klischees zu widerlegen – und wann nicht.

Ein gängiges Klischee hat Peter wohl mit diesem Buch widerlegt: Dass Männer keine Gefühle mitteilen könnten. An vielen Stellen war ich überrascht und gerührt, was er über sich und uns geschrieben hat. Nun kenne ich ihn schon so lange und erfahre immer noch Neues. Ihm ging es genauso. In uns beiden hat die intensive Beschäftigung mit unserer Liebesgeschichte eine große Zärtlichkeit dem anderen gegenüber entstehen lassen.

Dabei machten wir uns, als wir mit der Arbeit begannen, einige Sorgen. Ich hatte Angst, dass Peters schräger Humor ihn zu wilde Kapriolen schlagen ließe, er fürchtete, ich könnte eine unkritische Propagandaschrift für die Ehe verfassen. Ich fürchtete, er könnte peinliche Indiskretionen über mich ausplaudern, er war besorgt, dass ich ihn zu sehr idealisieren könnte. Und da wir als Autoren nicht frei von Eitelkeit sind, fürchteten wir natürlich beide, einer könnte dem anderen die Show stehlen. Kurz: Dieses Buch war ein ziemliches Abenteuer, und wir haben uns beim

Schreiben auch ganz schön gefetzt. Zwischendurch mussten wir die Mitarbeiter vom Verlag beruhigen. Die wussten anscheinend noch nicht, dass eine gute Ehe nicht eine Ehe ist, in der nicht gestritten wird – sondern eine, in der man sich versöhnen kann.

Nicht nur im Eheleben, sondern auch bei der Betrachtung desselben hilft es, sich selbst nicht zu ernst zu nehmen. Wir haben deshalb beim Schreiben dieses Buches nicht nur gestritten, sondern auch sehr viel gelacht. Und hoffen natürlich, dass es unseren Lesern auch so geht.

Wer einen Ratgeber à la »Wie Sie den Partner Ihrer Träume finden und ein Leben lang mit ihm glücklich sind« erwartet hat, mag enttäuscht sein. So ein Buch wollten wir aber beide nicht schreiben (zumindest darüber waren wir uns von Anfang an einig). Wir wollten vielmehr versuchen, eine unterhaltsame, ehrliche und informative Bestandsaufnahme dessen zu liefern, was und wie Ehe heutzutage sein kann. Denn obwohl mittlerweile jede dritte (in Großstädten jede zweite) Ehe geschieden wird, heiraten die Leute immer noch wie verrückt. Die romantische Hoffnung auf eine Liebe, die ein Leben lang währt, ist offenbar nicht auszurotten.

Wir wollen die Ehe auf keinen Fall als alleinseligmachende Institution anpreisen, schließen uns aber einer Formulierung von Stefan Woinoff an: Die Ehe ist (für uns) der beste aller denkbaren Kompromisse.

Seit über zwanzig Jahren arbeiten wir an diesem Kompromiss, mal gelingt uns das besser, mal schlechter. Manchmal sind wir wahnsinnig verliebt ineinander, manchmal könnten wir uns gegenseitig auf den Mond schießen. Manchmal leben wir für eine Weile nebeneinander her und lassen uns gegenseitig in Ruhe, manchmal verhaken wir uns in heftigen Diskussionen. Unser Alltag ist oft stressig, und trotzdem gibt es immer wieder Momente großer Nähe. Wichtig ist, dass wir beide wissen: Der andere hat sich für mich entschieden, und ich muss nicht jeden Tag fürchten, dass er es sich plötzlich anders überlegt und abhaut. Ich glaube, wir sind beide ziemlich erleichtert, dass die Arbeit an diesem Buch daran nichts geändert hat ...

Demnächst feiern wir unseren 22. Hochzeitstag. Wir haben uns schon mal umgesehen, wo wir ihn begehen wollen. Peter plädiert fürs Siam, einen Asia-Imbiss, dessen Wände vom Fettdampf so kleben, dass Plakate auch ohne Reißnägel haften. Mich hingegen lockt das Sirtaki, in dem Fleischspieße unbestimmter Herkunft neben laschem Kohlgemüse und matschiger Moussaka dümpeln. Ich bin sicher, wir werden – egal, wofür wir uns entscheiden – erneut einen kulinarischen Tiefpunkt erleben, der unser Eheglück für ein weiteres Jahr sichert. Bisher hat der Trick ja schließlich funktioniert!

Danksagung

Wir danken unseren Gesprächspartnern für ihr Vertrauen und ihre Offenheit.

Und wir danken unseren Eltern, Ingeborg und Kurt Fried und Hildegard und Erwin Probst, denen wir unsere prägendsten Erkenntnisse über die Ehe verdanken.

Amelie Fried und Peter Probst

Literatur

Badinter, Elisabeth: *Ich bin Du. Die neue Beziehung zwischen Mann und Frau oder Die androgyne Revolution*, München 1988.

Baumgart, Hildegard: *Eifersucht. Erfahrungen und Lösungsversuche im Beziehungsdreieck*, Hamburg 1985.

Bovet, Theodor: *Die Ehe, ihre Krise und Neuwerdung. Ein Handbuch für Eheleute und ihre Berater*, Tübingen 1948.

Fischer, Dr. Frank u. Fischhof, Georg: *Verheiratet leben, glücklicher leben*, Wien 1955.

Gilbert, Elizabeth: *Das Ja-Wort. Wie ich meinen Frieden mit der Ehe machte*, übers. v. Maria Mill, Berlin 2010.

Hillenkamp, Sven: *Das Ende der Liebe. Gefühle im Zeitalter unendlicher Freiheit*, Stuttgart 2009.

Hippel, Theodor Gottlieb von: *Über die Ehe* [1778], hg. v. Günter de Bruyn, Berlin 1979.

Hoffmann, Dr. med. Hans Joachim: *Liebe ohne Maske*, Konstanz 1955.

Holm, Dr. Roland: *Mach mich glücklich*, Hamburg 1959.

Houellebecq, Michel: *Ausweitung der Kampfzone. Roman*, übers. v. Leopold Federmair, Hamburg 2000.

Kleist, Bettina von: *Das Jahr danach. Wenn Paare sich trennen*, Berlin 2011.

Löhe, Wilhelm: *Von der weiblichen Einfalt*, Gütersloh 1878.

Meier, Paul u. a.: *Rezepte für eine glückliche Ehe*, Bad Liebenzell 1981.

Metzger, Dr. Konrad: *Ehe. Man muss sie nehmen, wie sie ist; in ihr auf beiden Füssen stehen und in ihr, auf Gott fussend, sich sein Leben zimmern*, Innsbruck 1933.

Mühl, Melanie: *Die Patchwork-Lüge. Eine Streitschrift*, München 2011.

O'Neill, Nena u. George: *Die offene Ehe. Konzept für einen neuen Typus der Monogamie,* übers. v. Evelyn Linke, Bern/München 1972.

Precht, Richard David: *Liebe. Ein unordentliches Gefühl,* München 2009.

Reiners, Ludwig: *Fibel für Liebende. Zugleich eine Anleitung verheiratet und doch glücklich zu sein,* München 1958.

Schenk, Herrad: *Freie Liebe – wilde Ehe. Über die allmähliche Auflösung der Ehe durch die Liebe,* München 1987.

Schlaffer, Hannelore: *Die intellektuelle Ehe. Der Plan vom Leben als Paar,* München 2011.

Schmidbauer, Wolfgang: *Die Angst vor Nähe,* Hamburg 1985.

Sichtermann, Barbara: *Leben mit einem Neugeborenen. Ein Buch über das erste halbe Jahr,* Frankfurt 1981.

Velde, Dr. Theodor Hendrik van de: *Die Abneigung in der Ehe. Eine Studie über ihre Entstehung und Bekämpfung,* Leipzig/Stuttgart 1929.

Wilhelm, Therese: *Das Eheleben. Eine Darstellung der Forderungen des sittlichen Ehe-Ideals sowie eine Besprechung der Aufgaben, die die Höhenentwicklung eines Volkes an die beiden Geschlechter stellt,* Regensburg 1916.

Woinoff, Stefan: *Überlisten Sie Ihr Beuteschema. Warum immer mehr Frauen keinen Partner finden und was sie dagegen tun können,* München 2007.

Yglesias, Rafael: *Glückliche Ehe. Roman,* Stuttgart 2010.

Bildnachweis

Seite 11	privat
Seite 21	Bettmann/CORBIS
Seite 29	picture alliance/verett Collection/Old Visuals
Seite 33	Yves Forestier/Sygma/Corbis
Seite 37	picture-alliance/dpa
Seite 45	Hulton Archive/Getty Images
Seite 48 f.	Jodi Cobb/National Geographic Society/Corbis
Seite 57	Hulton Archive/Getty Images
Seite 67	picture alliance/Mary Evans Picture Library
Seite 71	Hulton Archive/Getty Images
Seite 79	Rick Wilking/Reuters/Corbis
Seite 85	picture-alliance/dpa
Seite 90	Bettmann/CORBIS
Seite 95	picture-alliance/ZB
Seite 113	Bettmann/CORBIS
Seite 125	Bettmann/CORBIS
Seite 131	Rob Howard/CORBIS
Seite 145	Hulton Archive/Getty Images
Seite 167	Hulton Archive/Getty Images
Seite 171	picture-alliance/Mary Evans Picture Library
Seite 173	DaZo Vintage Stock Photos/Images.com/Corbis
Seite 177	picture-alliance/dpa
Seite 180	picture alliance/Günter Bratke
Seite 195	Hulton Archive/Getty Images
Seite 201	gisele/iStockphoto
Seite 205	Glow Images, Inc/Getty Images
Seite 217	Hulton-Deutsch Collection/CORBIS
Seite 233	picture-alliance/dpa